もちもち♥は
もちっと
都道府県
と どう ふ けん
JN040822

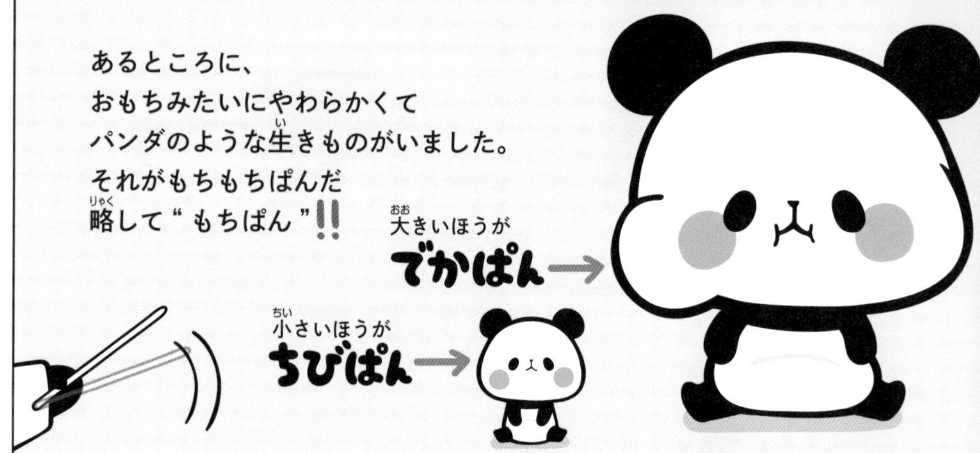
あるところに、
おもちみたいにやわらかくて
パンダのような生きものがいました。
それがもちもちぱんだ
略して"もちぱん"!!
大きいほうが
でかぱん
小さいほうが
ちびぱん

でかぱんは、自分のほっぺたをちぎってちびぱんを作るけど……
びよ〜ん
コネコネ
ジャブジャブ
じゃ〜ん
もぐもぐ
おなかがすくと、ちびぱんを食べちゃうことも……

それでも、ちびぱんは
でかぱんのことが大好き♥
でかぱ〜ん

というわけじゃ!
ちびぱんには、たくさ……
どいてー
ん?

ドドドドドドド
どいてどいてー!!
でかぱん→
ちびぱん→
なんじゃー？

ちびぱんにはいろんな種類がいて、
全国にご当地もちぱんもいるんだよ!!
キラ
キラ
キラ
都道府県にゆかりのある
かっこうをした
もちぱんのことじゃ
北海道
神奈川県
愛知県
三重県
徳島県
佐賀県
キラ
キラ
ちなみにわしは
ハカセぱんじゃ

もちぱんたちといっしょに
都道府県の様子を
勉強していこう！

キャッ

キャッ

ちびぱんたちが
ナビゲーターに
なるよ!!

わ、わしも
ナビゲーターを
つとめるぞ!!

キャッ

もくじ

おもな登場もちぱん紹介

ふつうのちびぱん

一番よく見かける、どこにでもいるちびぱん。

でかぱん

ほっぺたをちぎってちびぱんを作る。おなかがすくとちびぱんを食べちゃう。

ハカセぱん

なぞの液を研究している。耳だけアフロ。

忍ジャぱん

修行中の身だけれど、しのびの心は一人前。

しろぱん

なぞの液で色をつけられるときに、逃げだした。

くろぱん

でかぱんになぞの液に落とされた。やさぐれた性格。

※2020年4月現在の情報です。
施設、お祭り、イベントなどの情報は変更になることがあります。

にくまんぱん
ちびぱんの好物。たまにしょう動的に逃げだす。

ゴールドぱん
見ると幸せになれる？ めったに姿を現さない。

シルバーぱん
5ひき見つけると幸せになれる（かもしれない）。

おだんごぱん
おだんごにされた。よく見ると存在感のある顔。

ゴマだんごぱん
もちはだじゃなく、ザラザラはだ。ゴマつき。

だいふくぱん
だいふくのちびぱん。クールな性格て、いつも無表情。

日本ってこんなところ

わたしたちが暮らす“日本”ってどんな国なのか、地形や気候、都道府県の位置から勉強しよう。

日本は6800以上の島々からなる島国！

日本の地形の特徴は、まわりを海に囲まれた島国であるということ。北海道、本州、四国、九州の４つの大きな島のほかに、6800以上の島々があって、ほとんどの島には人が住んでいないよ。また、山地が多いというのも特徴のひとつ！日本の国土の約４分の３は山地なんだよ。

📖 気候帯…気候の特徴の似た地域で、世界をいくつかに区分したもの。

小笠原諸島
東京都

面積	約37万8000㎢
人口	約1億2644万人
島の数	6852

日本の気候は地域によってさまざま

日本の大部分は温帯という気候帯📖に属していて、四季がはっきりしていて、夏と冬の気温の差が大きいよ。日本列島は南北に細長い形をしているから、北と南では気候が大きくちがうよ。また、梅雨や台風の影響で、世界の同じ気候帯の国のなかでも、雨や雪が多いんだよ。

日本は47の都道府県からできている！

日本には47の都道府県があって、大きく、北海道、東北、関東、中部、近畿、中国・四国、九州の各地方に分けることができるよ。都道府県によって、地形や気候、産業、文化など、さまざまなちがいがあるよ！

この本の使いかた

47都道府県の特徴を、もちぱんたちがくわしく紹介するよ！

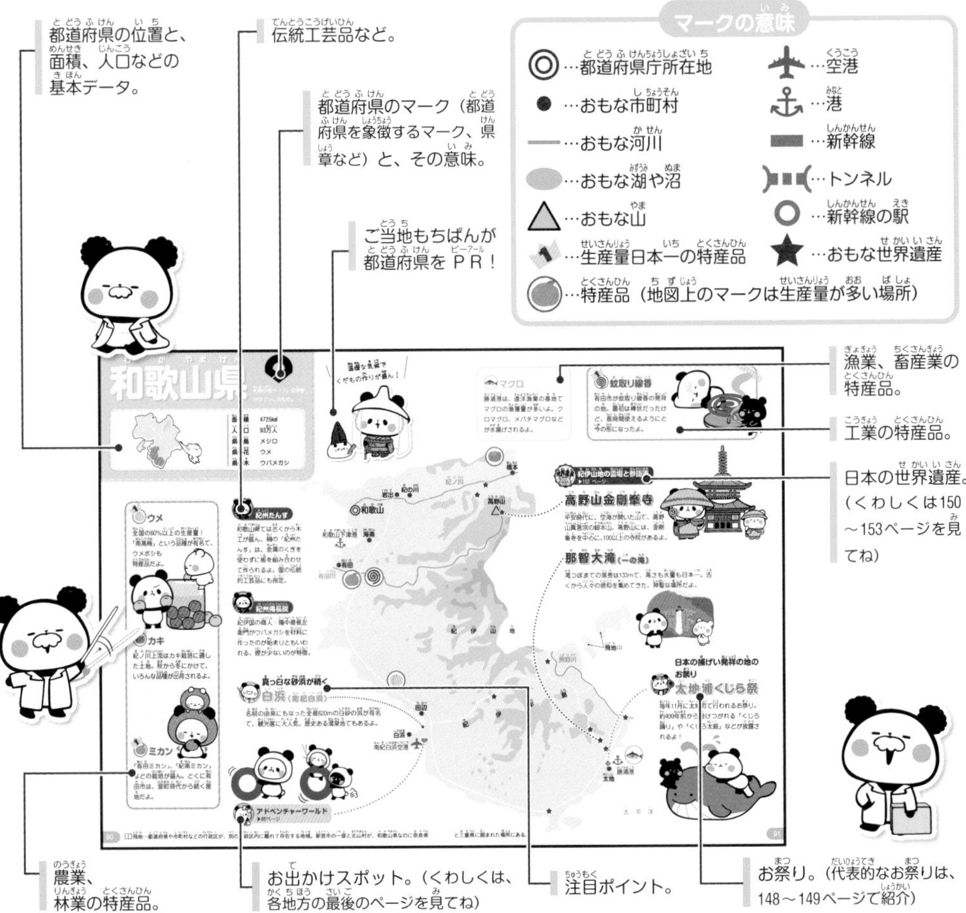

［凡例］

■地図について

・各都道府県の縮尺は、見やすさを優先させてページによって変えています。
・地図上に掲載している市町村は、都道府県庁所在地と総務省自治行政局「住民基本台帳に基づく人口、人口動態及び世帯数（2019年１月１日現在）」の人口トップ５の都市、および本文で言及している市町村です。
・港は、特定第３種漁港、国際拠点港湾、および地形的、地理的に重要だと思われるもの、本文で言及している漁港を掲載しています。
・山と湖は、高さや面積に加え、地形的、地理的に重要だと思われるものを掲載しています。
・河川は、河川法の定める一級河川および二級河川のなかで著名な河川と、その支流のなかで地形的、地理的に重要だと思われるものを掲載しています。
・鉄道は、新幹線と、新幹線として扱われる路線（山形新幹線、秋田新幹線）のみを掲載しています。
・空港は、会社管理空港、国管理空港、特定地方管理空港、地方管理空港、共用空港を通称で掲載しています。
・島は、面積、人口、産業などで重要だと思われるものを掲載しています。
・地図上で示している●の位置は、おおよその位置です。

■日本、各都道府県の基本データについて

・面積は、国土交通省国土地理院「全国都道府県市区町村別面積調（2018年）」、人口は、総務省自治行政局「住民基本台帳に基づく人口、人口動態及び世帯数（2019年１月１日現在）」より掲載しています。
・県の鳥、花、木は全国知事会ホームページのリストを基準とし、すべてカタカナで表記しています。ただし、一部都道府県が推奨するものも加えています。

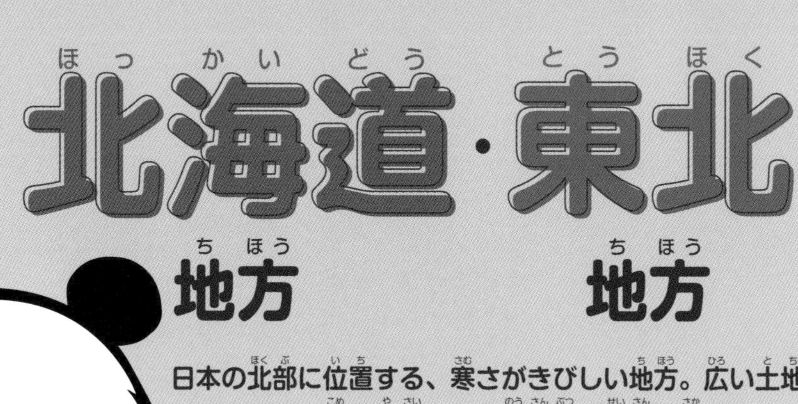

北海道地方・東北地方

日本の北部に位置する、寒さがきびしい地方。広い土地をいかして、米や野菜などの農産物の生産が盛んだよ。

北海道
ほっかいどう

北海道の未来を象徴して、七方向の星形にデザイン。

面積	8万3424㎢
人口	529万人
道の鳥	タンチョウ
道の花	ハマナス
道の木	エゾマツ

ジャガイモ

帯広市や網走市で生産が盛ん。全国の約80%の生産量で、品種は50種以上!!

トウモロコシ

全国の約40%の生産量を占めていて、北海道各地で生産されているよ。

タマネギ

北見市は日照時間が長く、寒暖差が大きいため、タマネギ栽培に適していてとくに生産が盛ん。

米

生産量は全国2位。水田の面積も日本トップクラスで、10品種以上の米が生産されているよ。

旭山動物園 ▶13ページ

さっぽろ雪まつり ▶148ページ

札幌市時計台 ▶13ページ

ファーム富田 ▶13ページ

五稜郭タワー ▶13ページ

二風谷アットゥシ

アイヌ民族[1]に伝わる織物で、国の伝統的工芸品。オヒョウという木の皮の繊維から作られるよ。

[1] アイヌ民族…北海道を中心とした地域で暮らしてきた先住民族。 [2] 乳用牛…乳量が多くなるように品種改良された、牛乳をと

流氷が見られる オホーツク海

北海道の北東に広がる海で、サケやホッケ、キンキなどがとれる好漁場。1～3月ごろに流氷が見られるよ。

1 乳用牛

乳用牛②の飼育数が日本一で、別海町など人口より牛の数のほうが多い町もあるほどだよ。

1 ホタテガイ

初夏から秋にはオホーツク海や根室海峡で、冬から春には日本海で多くとれるよ。

マリモが生息する阿寒湖

阿寒湖の底には、特別天然記念物③のマリモという緑色の球形の植物が多く見られるよ。

世界遺産 知床 ▶150ページ

バターの生産量日本一

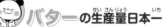

生産量は、全国の80%以上。ほかにもチーズやヨーグルトなど、いろいろな乳製品が作られているよ。

オホーツク海　空港　サロマ湖　網走　北見　女満別空港　屈斜路湖　摩周湖　根室海峡　中標津空港　別海　根室港　阿寒湖　釧路川　根釧台地　釧路空港　釧路湿原　釧路　十勝平野　釧路港　空港　太平洋

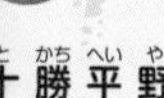

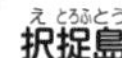

日本最大の湿原 釧路湿原

特別天然記念物③のタンチョウの生息地。釧路湿原を流れる釧路川には、日本最大の淡水魚・イトウが生息しているよ。

択捉島　北方領土　国後島　色丹島　歯舞群島

北海道の北東に位置する 北方領土

択捉島、国後島、色丹島、歯舞群島をまとめた呼び名。日本固有の領土だけど、第二次世界大戦後、ソビエト連邦（現在のロシア連邦）が占領。現在も、日本はロシア政府に対して、返還を要求しているよ。

めの牛。

③ 天然記念物…学術上、保存の価値があるとして「文化財保護法」によって指定された、動物や植物、鉱物、地形など。とくに世界的に価値の高いものは、特別天然記念物に指定される。

北海道地方のご当地グルメ

北海道の特産品などを使った人気料理を一挙ご紹介！

ジンギスカン

羊の肉を使った料理。中央がふくらんだ専用の鍋で、野菜といっしょに焼くよ。とくに、札幌市にはジンギスカン専門店がたくさんあるよ！

スープカレー

さらさらしたスープタイプのカレーに、野菜や肉など、大きめの具が入っているのが特徴。ライスがついてくるので、ひたして食べたり、かけて食べたりするよ。

イカ飯

生のイカの胴体に米をつめて、甘辛いタレでたいたもの。もともとは渡島地方の郷土料理で、現在は駅弁としても大人気！

石狩鍋

サケの身やアラ、豆腐とたくさんの野菜が入ったみそ味の鍋料理だよ。石狩川にサケが産卵時にやってくることから、この名前になったといわれているよ。

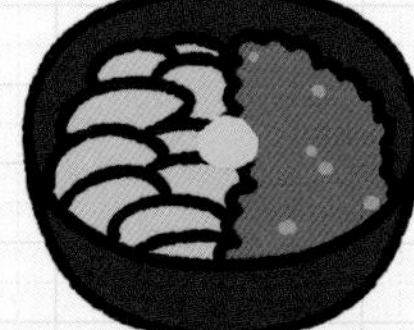

ウニ・イクラ丼

北海道を代表する海産物のウニとイクラがのったどんぶり。好きなだけイクラをかけてくれるお店もあるよ。

札幌ラーメン

とんこつなどを煮出したスープに、中太のちぢれ麺を使うことが多いよ。みそ味が有名だけど、しょうゆ味も塩味もあるよ。

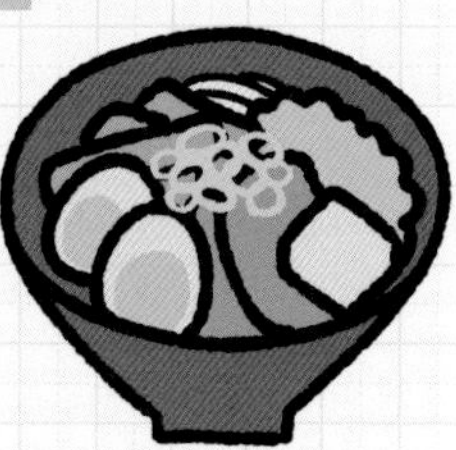

ちびぱんイチオシ

北海道地方のお出かけスポット♪

一年中、どんな季節もなまら（非常に）楽しい!!
北海道のおすすめスポットをご紹介！

中富良野町 ファーム富田

➡10ページ

春から秋にかけて開園する入場無料の農場。とっても広い土地で、ラベンダーを中心としたさまざまな花が楽しめるよ。園内でとれたラベンダーエキスが使われている、ファームオリジナルのソフトクリームやラムネがおすすめ！

虹みたいにさくお花畑に感動〜！

旭川市 旭山動物園

➡10ページ

日本で一番北にある動物園だよ。「伝えるのは命」をテーマに、動物たちの行動や生活がよくわかる展示がたくさん！　ほっきょくぐま館では、陸上でのホッキョクグマがアザラシの視点から観察できる「シールズアイ（カプセル）」があるよ。

シールズアイから見た
ホッキョクグマが大迫力！

札幌市 札幌市時計台

➡10ページ

現存する日本最古の時計塔で、三角屋根の上にある大きな時計が特徴だよ。札幌市の象徴として、プロ野球チーム・北海道日本ハムファイターズの応援歌に入っていたり、札幌ラーメンの看板や観光ポスターなどにデザインされたりしているよ！

白く塗られた壁が
レトロだよ！

函館市 五稜郭タワー

➡10ページ

函館市にある国の特別史跡の五稜郭の近くにある107mの高さの展望塔。展望台から下を見ると、五稜郭跡の星形がばっちり！　ほかにも、四季折々の景色や津軽海峡、函館山などのながめを楽しむことができるよ。

地上90mの展望台、
ちょっとこわい……

青森県（あおもりけん）

青森県の地形をデザインしたもの。

面積	9646km²
人口	126万人
県の鳥	ハクチョウ
県の花	リンゴの花
県の木	ヒバ

津軽海峡

奥津軽いまべつ

津軽半島

十三湖

北海道新幹線

日本海

岩木川

新青森

青森空港

岩木山

弘前

白神山地

久六島

本州と北海道をつなぐ 青函トンネル

津軽海峡の海底から約100m下を通る、長さ53.85km（海底部分は23.3km）の鉄道用の海底トンネル。北海道新幹線が走っているよ。

青森ねぶた祭

▶148ページ

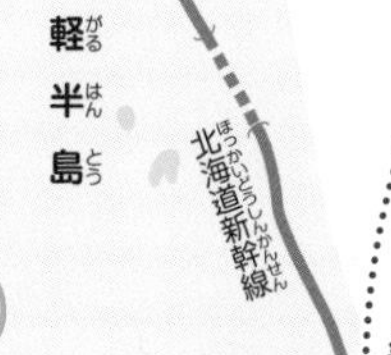

津軽に伝わる伝統音楽 津軽三味線

津軽地方で生まれた三味線音楽。速いテンポで、ばちを弦にたたきつけるように弾くのが特徴。

世界遺産 白神山地

▶150ページ

弘前ねぷたまつり

▶148ページ

サクラの名所として有名 弘前城

1611年に建てられたお城。当時の天守は落雷によって焼失したけど、1810年に再築されたよ。

津軽塗

弘前市を中心に生産される、うるしを何度も塗って作る漆器。土台となる木地には、青森ヒバという美しい木が使われているよ。国の伝統的工芸品にも指定。

じつは日本一広い 猿ヶ森砂丘

太平洋沿岸に約17㎞続く、面積が日本一の砂丘。ただし大部分が防衛装備庁の試験場のため、一般の人は立ち入り禁止！

縄文時代の集落跡 三内丸山遺跡

約5900～4200年前の縄文時代の人々が暮らした遺跡。日本最大級の集落跡で、竪穴住居跡や墓、土器などが発掘されたよ。

青森県立 三沢航空科学館

▶28ページ

スルメイカ

6～12月ごろにとれるよ。とくに、八戸港の水揚げ量は日本一！

マグロ（大間まぐろ）

大間町の沖合でとれる「大間まぐろ」は最高級品。体長3m、重さ400kgを超えるものもあるよ！

ニンニク

田子町で栽培が始まり、現在は十和田市をはじめ、全県に広まったよ。全国の約３分の２の生産量。

リンゴ

全国の生産量の約60%を占め、「ふじ」「つがる」など、約50品種が生産されているよ。

岩手県

岩手県の「岩」の字をデザインしたもの。

面　積	1万5275㎢
人　口	124万人
県の鳥	キジ
県の花	キリ
県の木	ナンブアカマツ

馬への感謝と健康を願うお祭り
チャグチャグ馬コ

盛岡市と滝沢市で古くから続くお祭り。毎年6月、あざやかな装飾品をつけた約100頭の馬が、チャグチャグと鈴の音をならしながら行進するよ。

岩手県民は麺好きが多い!?
盛岡三大麺

麺好きの人が多い盛岡市で代表的な麺料理といえば、わんこそば、じゃじゃ麺、冷麺！

宮沢賢治記念館

▶28ページ

南部鉄器

江戸時代から続く、盛岡市と奥州市周辺で作られる鉄器。国の伝統的工芸品に指定されているよ。

世界遺産

平泉ー仏国土(浄土)を表す建築・庭園及び考古学的遺跡群ー

▶150ページ

中尊寺

12世紀、平泉を拠点にした奥州藤原氏が造営した寺院。境内にある金色堂は、藤原氏の繁栄を象徴する建造物。一面金箔の御堂だよ。

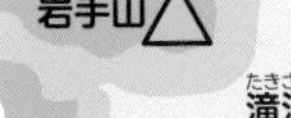

二戸
二戸
八幡平
いわて沼宮内
岩手山
滝沢
雫石
雫石
盛岡
盛岡
秋田新幹線
北上盆地
奥羽山脈
花巻空港
花巻
新花巻
北上
北上
奥州
水沢江刺
栗駒山
平泉
一関
一ノ関
東北新幹線
北上川

1 天然記念物➡11ページ　2 リアス海岸…小さな岬と入り江が複雑に入りくんだ海岸。

小岩井農場
▶28ページ

太平洋

リンドウ

全国の約60%の生産量を占め、とくに八幡平市ではオリジナル品種の栽培も盛んだよ。

生うるし

おもな産地は二戸市浄法寺町。ここでとれる生うるしは「浄法寺漆」と呼ばれるよ。

ワサビ

遠野市や岩泉町で、ワサビの栽培が盛ん。ワサビを育てるのは、清流が適しているよ。

日本三大鍾乳洞のひとつ 龍泉洞

総延長4000m以上の洞くつで、国の天然記念物①に指定。世界有数の透明度をほこる地底湖は幻想的だよ！

岩泉

小本川

宮古港

北上高地

カッパの伝説が伝わる遠野地方

遠野地方に伝わる民話をまとめた『遠野物語』には、妖怪話がたくさん登場。遠野市には、カッパ淵という場所も。

三陸海岸

遠野

地形をいかした漁業が盛ん リアス海岸

岩手県南部の海岸は、リアス海岸②。湾内は波がおだやかで、海産物の養殖に適しているよ。

大船渡港

ワカメ

三陸海岸を中心に養殖されるワカメは、栄養豊富で肉厚、弾力ある歯ごたえが特徴だよ。

明治日本の産業革命遺産
製鉄・製鋼、造船、石炭産業
▶150ページ

宮城県

宮城県の「み」の字を県の花の葉の形にデザイン。

東北地方で人口が一番多い県！
栗駒山

面積	7282㎢
人口	232万人
県の鳥	ガン
県の花	ミヤギノハギ
県の木	ケヤキ

宮城伝統こけし

江戸時代中期、木地師①の人たちが子どものおもちゃとして作ったのが始まりとされる。国の伝統的工芸品で、首を回すと音が鳴るものもあるよ。

感覚ミュージアム
▶29ページ

東北三大祭りのひとつ

仙台七夕まつり

江戸時代から続くお祭り。毎年８月に、約3000本もの七夕飾りで街中がいろどられるよ。

伊達政宗が造営した

大崎八幡宮

戦国大名で、仙台藩初代藩主の伊達政宗が、仙台城下に暮らす人々の幸せを願い、建てた神社。

① 木地師…ろくろなどを使って、手作業でお盆やおわんなどの木工品を作る職人。　② 日本三景…日本の代表的な３つの景勝地で

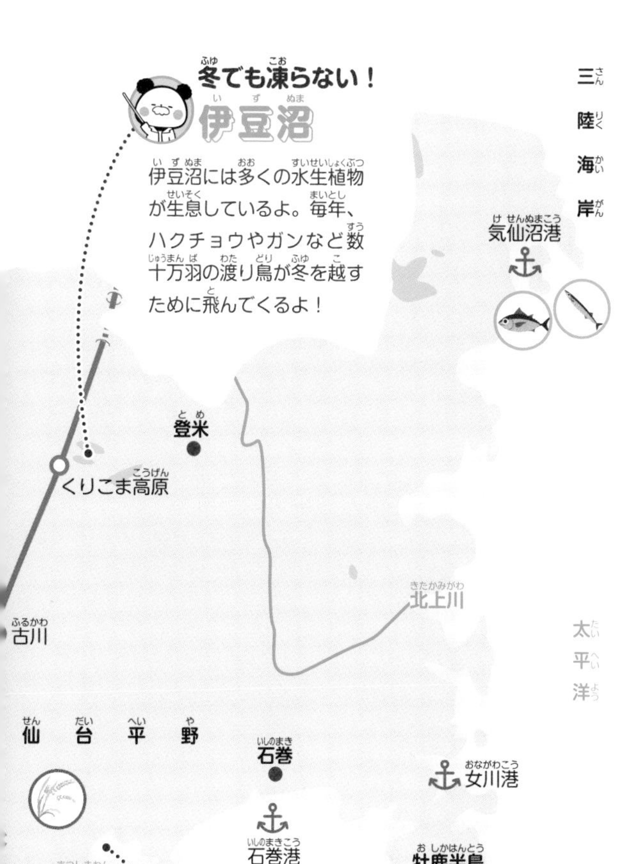

冬でも凍らない！
伊豆沼

伊豆沼には多くの水生植物が生息しているよ。毎年、ハクチョウやガンなど数十万羽の渡り鳥が冬を越すために飛んでくるよ！

カジキ

宮城県には数多くの漁港があるけど、なかでも気仙沼港は、メカジキの水揚げ量が日本一。

サンマ

気仙沼港には、9月になると三陸沖でとれるサンマがたくさん水揚げされるよ。

肉用牛（仙台牛）

高級牛として知られる「仙台牛」は、宮城県内の良質な稲わらや水によって育てられるよ。

日本有数の漁港が多い
仙台湾

仙台湾には、石巻港や仙台塩釜港など多くの漁港があるよ。カキの養殖でも有名！

日本三景[2]のひとつ
松島

松島湾とその沿岸一帯の地域。日の出や日没が美しく、松尾芭蕉も愛した景色だよ。

米

仙台平野で栽培が盛ん。人気品種「ひとめぼれ」や「ササニシキ」が誕生したのも宮城県。

城県の松島、京都府の天橋立、広島県の宮島（厳島）をいう。

秋田県

秋田県の「ア」の字をデザインしたもの。

面積	1万1638㎢
人口	98万人
県の鳥	ヤマドリ
県の花	フキノトウ
県の木	アキタスギ

白神
米代川
大館能代
八郎潟干拓地
男鹿半島
秋田平野
秋田
雄物川
日本海
由利本荘
鳥海山

ギネス世界記録[1]にも認定！

綴子大太鼓

北秋田市綴子に伝わる民俗芸能。現在一番大きな太鼓は、直径が3.8mもあるよ。大太鼓を打ちながら行進する様子は圧巻！

大みそかの伝統行事

なまはげ

子どもの成長や豊作などを願う伝統行事。大みそかの夜に鬼のようなかっこうをした人が、大声を出して各家庭をまわるよ。

日本有数の干拓地[2]

大潟村

日本2位の広さだった湖・八郎潟を、農業のために干拓地にしたよ。さまざまな農産物が作られているよ。

東北三大祭りのひとつ

秋田竿燈まつり

毎年8月に行われる秋田市のお祭り。稲穂に見立てた竿燈を、手のひらや肩、額などに乗せる技が見どころだよ！

秋田県立中央公園
▶29ページ

[1] ギネス世界記録…ギネスワールドレコーズ社が認定した、さまざまな世界記録。 [2] 干拓地…海や湖などの浅いところを堤防で

世界遺産 白神山地 ▶150ページ

地

十和田湖

大館

奥羽山脈

田沢湖

田沢湖

角館

秋田新幹線

大仙

大曲

横手

ハタハタ

秋田県の冬の風物詩。11〜12月になると、男鹿半島周辺に大群でやってくるよ。

肉用鶏(比内地鶏)

日本三大地鶏のひとつ。国の天然記念物3に指定されている「比内鶏」を品種改良して作られたよ。県北部で、多く飼育されているよ。

大館曲げわっぱ

秋田スギを使った国の伝統的工芸品。江戸時代に盛んに作られるようになった。うすくそいだスギの板を曲げて輪にして器にするよ。

全国の花火師の競技大会

大曲の花火

毎年8月に大仙市大曲地区で開催される花火大会。全国から花火師が集まって腕を競い合うよ。

横手の雪まつりでたくさんならぶ

かまくら

横手市では、毎年2月にかまくらの中に水神様をまつり、子どもたちが甘酒やおもちをふるまう行事があるよ。

米

生産量は全国3位。秋田平野ではブランド米の「あきたこまち」の栽培が盛んだよ。

スギ

「秋田スギ」と呼ばれるよ。じょうぶで美しい木目を持ち、建築や伝統工芸品に使用。

って水を抜き、陸地にした土地。農業に利用されることが多い。　3 天然記念物➡11ページ

山形県
やまがたけん

県にそびえる山々と間を流れる最上川をデザイン。

面積	9323㎢
人口	109万人
県の鳥	オシドリ
県の花	ベニバナ
県の木	サクランボ

県の約４分の３が山地で、
サクランボの生産量日本一！

酒田
庄内平野
庄内空港
鶴岡
羽黒山
飛島
日本海
湯殿山
飯豊山

鶴岡市立加茂水族館

▶29ページ

水田地帯が広がる 庄内平野

最上川の河口で日本海沿岸に広がる庄内平野は、稲作に適した水田地帯。米の一大産地だよ。

武士の内職が始まり 天童将棋駒

江戸時代末期、天童織田藩の財政を助けるため、藩の下級武士たちが作ったのが始まりだよ。

サクランボ（オウトウ）

全国の約80%を占める生産量。山形盆地で盛んに栽培されているよ。最高級品種の「佐藤錦」は、東根市で生まれたよ！

ベニバナ

赤い（紅色の）染料となるベニバナ。最上川流域で、江戸時代に栽培が盛んになったよ。

山形花笠まつり
やまがたはながさ

▶148ページ

山形鋳物

約950年前の平安時代から続く、国の伝統的工芸品。鉄びん、鉄なべが人気！

過冷却水滴…水蒸気が冷やされてできた、小さな水滴（雲粒）などのこと。液体のまま0℃以下になる。

新庄盆地
新庄
上川
奥羽山脈
大石田
山形盆地
村山
さくらんぼ東根
東根
山形空港
天童
天童
山形
山形
蔵王山
かみのやま温泉
赤湯
高畠
沢
米沢
山形新幹線
吾妻山

日本初のミニ新幹線 山形新幹線『つばさ』

1992年に福島駅～山形駅間で運行を開始したミニ新幹線（在来線の線路を使用）。現在は、東京駅から東北新幹線で直通運行しているよ！

山形県の中央にそびえる 出羽三山

「出羽三山」と呼ばれる月山、羽黒山、湯殿山は、古くから修行僧が集まる山だよ。

松尾芭蕉の『奥の細道』にも登場 立石寺（山寺）

平安時代に建てられたよ。松尾芭蕉がこの寺で詠んだ「閑さや岩にしみ入る蝉の声」という俳句が有名。

冬山に現れるスノー・モンスター 蔵王の樹氷

蔵王山では、樹木に雪や過冷却水滴が吹きつけられて凍りついた、大きな樹氷が見られるよ。

肉用牛（米沢牛）

明治時代にイギリス人の教師が食べて絶賛したのが、「米沢牛」がブランド牛として知られるようになった始まりといわれているよ。

福島県
ふくしまけん

福島県の「ふ」の字をデザインしたもの。

面積	1万3784km²
人口	186万人
県の鳥	キビタキ
県の花	ネモトシャクナゲ
県の木	ケヤキ

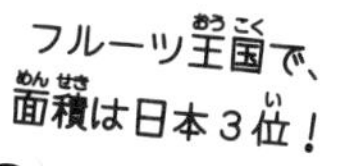

フルーツ王国で、面積は日本3位！

△飯豊山

吾妻

喜多方

阿賀川

磐梯

会津盆地　会津若松

只見川

猪苗

「会津富士」とも呼ばれる
磐梯山

猪苗代湖に映る姿が美しい磐梯山。猪苗代湖は、磐梯山の噴火て水がせきとめられててきたよ。

赤い張り子の首振り牛
赤ベコ

「ベコ」は牛という意味だよ。首がゆらゆら動くのが特徴！　赤ベコを持っている子どもは、災難にあわないともいわれているよ。

戊辰戦争の舞台のひとつ
鶴ヶ城
（会津城、会津若松城）

会津若松市にある鶴ヶ城は、戊辰戦争⑪のとき、会津藩士が立てこもって戦ったお城だよ。

◇南会津

△燧ヶ岳

鎌倉時代から続く伝統
会津田島祇園祭

毎年7月に行われ、「七行器行列」では、花嫁行列が見どころ！　花嫁姿をした女性が、街を練りあるくよ。

📖 戊辰戦争…明治維新のときに起きた、新政府軍と旧幕府軍との戦い。

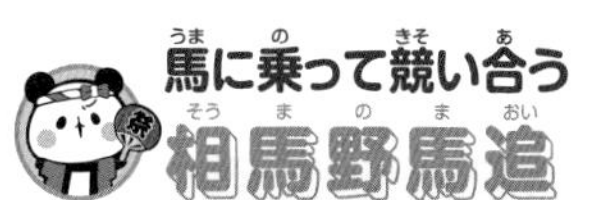

馬に乗って競い合う 相馬野馬追

毎年７月に相馬市や南相馬市を中心に行われる、1000年以上続く伝統行事。武者姿で馬に乗り、数百騎でご神旗をうばい合うよ。

モモ

全国２位の生産量。福島盆地では、ほかに日本ナシやリンゴの生産も盛ん。

米

会津盆地をはじめ、県全域で稲作が盛ん。とくに「コシヒカリ」の栽培が多いよ！

1 桐材

おもに会津地方で生産され、「会津桐」と呼ばれるよ。たんすなどの生活用品の材料になるよ。

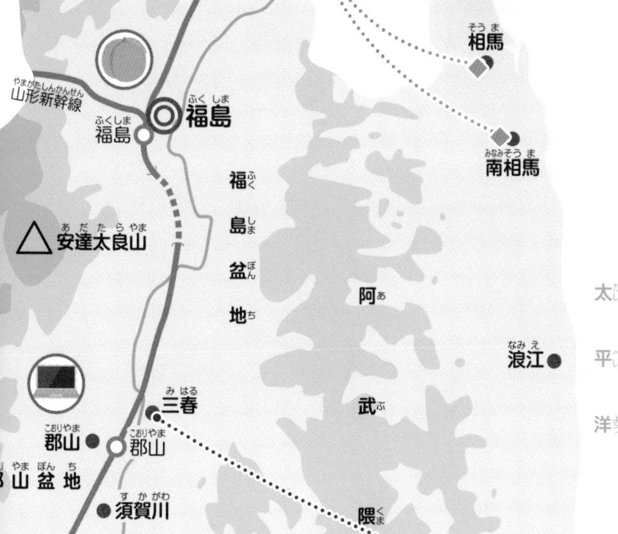

馬の形をしたお守り 三春駒

三春町や郡山市周辺に伝わる木彫りの馬。子宝や子育て、長寿のお守りとして作られているよ。

▶29ページ

会津塗

木地にうるしを塗りかさねた漆器で、国の伝統的工芸品。安土桃山時代に始まり、江戸時代には中国やオランダに輸出されたよ。

情報通信機器

いわき市や郡山市などを中心に、工業製品の生産が盛ん。とくにパソコンやカーステレオなどの情報通信機器が有名で、出荷額も多いよ。

東北地方のご当地グルメ

東北地方を代表する伝統料理や郷土料理、B級グルメを紹介するよ！

青森県

せんべい汁

肉や魚、野菜などでとっただしにせんべいを入れて煮こんだ料理。せんべい汁専用の南部せんべい（おつゆせんべい）を使うよ。

バラ焼き

おもに、牛バラ肉と大量のタマネギを、しょうゆベースのタレでいためた料理。三沢市にある食堂が、バラ焼き発祥のお店だよ！

岩手県

わんこそば

おわんに入った一口ぶんの量のそばを次々と食べていくよ。数を競うのももちろんだけど、給仕の人とのかけあいも楽しみのひとつ。

盛岡冷麺

朝鮮半島の冷麺を参考に作られたといわれているよ。半透明の麺はコシがあり、牛肉などで煮こんだ冷たいスープにキムチが入っているよ。

宮城県

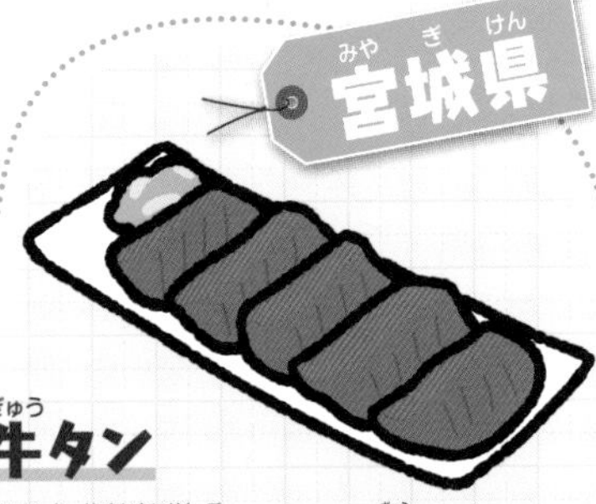

牛タン

第二次世界大戦後まもなく、牛タンがおいしいと知った仙台市の和食の職人が作ったのが牛タン焼きの始まり。麦ごはんやテールスープといっしょに食べるのが定番だよ。

はらこめし

はらことは、イクラのこと。サケをしょうゆ、みりんで煮こみ、その煮汁でたいたご飯の上に、サケの身とイクラをのせるよ。

秋田県

稲庭うどん

日本三大うどんのひとつ。すべて手作業で作られているよ。つるつるとしたのどごしが特徴の、細めのうどん。

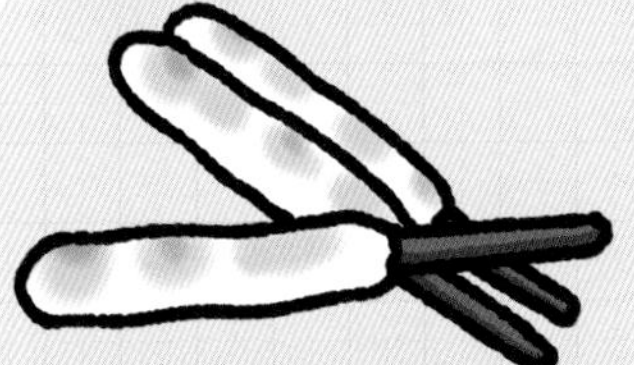

きりたんぽ

ご飯をつぶして木の棒ににぎりつけて焼いたもの。みそをつけて食べたり、切って鍋に入れて食べたりするよ。

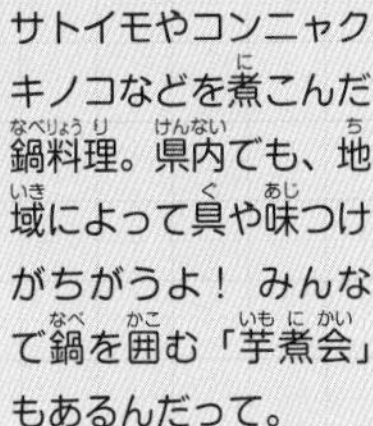

山形県

芋煮

サトイモやコンニャク、キノコなどを煮こんだ鍋料理。県内でも、地域によって具や味つけがちがうよ！ みんなで鍋を囲む「芋煮会」もあるんだって。

だし

よく冷やした夏野菜や香味野菜をみじん切りにして、しょうゆなどで味つけしたもの。ご飯や豆腐などにかけて食べるよ。

福島県

喜多方ラーメン

喜多方市発祥のラーメンで、平たいちぢれ麺と、しょうゆスープが特徴だよ。あっさりした味わいのラーメンだよ。

なみえ焼きそば

浪江町で誕生した焼きそば。太麺のそばと豚肉、モヤシを濃厚なソースで味つけしているよ。カップ焼きそばとして発売されたことも！

ちびぱんイチオシ

東北地方のお出かけスポット♪

陸・海・空に関するレジャーが勢ぞろい！
東北地方のおすすめスポットをご紹介！

青森県 三沢市

青森県立三沢航空科学館

➡15ページ

「大空」と「飛翔」をテーマにした科学館だよ。「航空ゾーン」と「科学ゾーン」に分かれていて、航空ゾーンにはたくさんの航空機の展示が！　科学ゾーンでは、訓練用に作られたフライトシミュレーターも体験できるよ。

実際の航空機にさわれるよ！

岩手県 雫石町

小岩井農場

➡16ページ

明治時代に開かれた、東北地方を代表する農場。場内一の人気スポット「まきば園」では、動物とふれあえるほか、乗馬やアーチェリーなどのアクティビティ体験も可能！　小岩井農場産のグルメを満喫できるレストランもあるよ。

トロ馬車に乗って園内をまわれるよ！

トロ馬車（4月中旬～11月下旬）

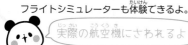

岩手県 花巻市

宮沢賢治記念館

➡16ページ

花巻市出身の作家・宮沢賢治の世界に親しめる施設。詩や童話、科学など、多彩な活動について知れて、本人が愛用していたチェロや自筆原稿など、ゆかりの品もたくさん展示されているよ。

童話『注文の多い料理店』に出てくるレストランも!!

宮城県 大崎市 感覚ミュージアム

➡18ページ

見る・聞く・かぐ・味わう・ふれるという“五感”をテーマにしたミュージアムだよ。体を動かす「ダイアローグゾーン」や、物思いにふける「モノローグゾーン」、そのふたつの空間をつなぐ「トラバースゾーン」の3つのゾーンがあるよ。

空中を歩いているような不思議な感覚になれる～！

山形県 鶴岡市 鶴岡市立加茂水族館

➡22ページ

日本海に面した岬にある水族館。展示されているクラゲは約60種で日本一！ 約1万匹のミズクラゲが泳ぐ巨大水槽のほか、成長段階のクラゲを観察できる「クラゲ解説コーナー」もあるよ。

直径5mの水槽「クラゲドリームシアター」は一面クラゲだらけだよ！

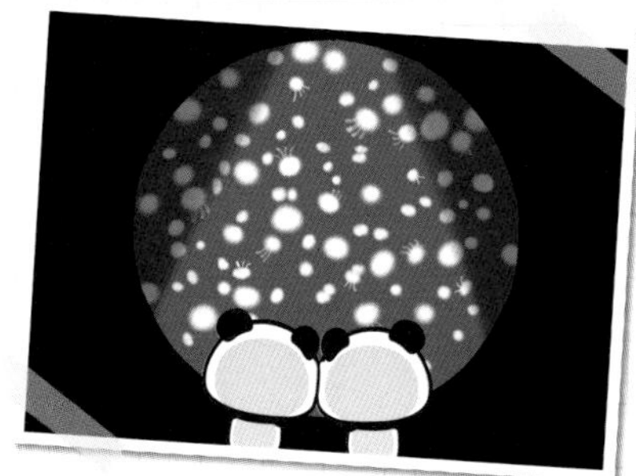

秋田県 秋田市 秋田県立中央公園

➡20ページ

この公園では、レクリエーション、スポーツ、散策などが楽しめるよ。日本最大級のフィールドアスレチックも！ ほかにも、マウンテンバイクコースやファミリーキャンプ場などがあって、家族みんなで思いっきり遊べるよ！

いっぱい遊んだよ！ スペースアスレタワーにこうふん!!

福島県 いわき市 スパリゾートハワイアンズ

➡25ページ

「常夏の楽園」をコンセプトに“ハワイ”をイメージした空間は、ワクワクすることまちがいなし！ 温水プール、温泉、ホテル、ゴルフ場がある大型レジャー施設だよ。フラガールやファイヤーナイフダンサーによるショーも大迫力！

ウォータースライダーはスリル満点！

全国なんでもランキング Part1

都道府県の大きさ・人口トップ3

※南北・東西に長い県は国土地理院「日本の東西南北端点の経度緯度」より算出。

面積が大きい

1 北海道……8万3424㎢
2 岩手県……1万5275㎢
3 福島県……1万3784㎢

(2018年)

面積が小さい

1 香川県……1877㎢
2 大阪府……1905㎢
3 東京都……2194㎢

(2018年)

人口が多い

1 東京都……1382万人
2 神奈川県……918万人
3 大阪府……881万人

(2018年)

東京都は人口密度もぶっちぎり1位!

タテ(南北)に長い

1 東京都……1719.6km
2 鹿児島県……588.1km
3 北海道……467.3km

(2018年)

東京都は島が多いから長いんだよ!

人口が少ない

1 鳥取県……56万人
2 島根県……68万人
3 高知県……71万人

(2018年)

ヨコ(東西)に長い

1 東京都……1619.9km
2 沖縄県……838.8km
3 北海道……777.4km

(2018年)

市の数が多い

1 埼玉県……40市
2 愛知県……38市
3 千葉県……37市

(2019年)

市の数が一番少ないのは4市の鳥取県!

関東（かんとう）地方（ちほう）

日本で最大の平野・関東平野を中心に、一都六県からなるよ。
日本の総人口の約３分の１が住む地方だよ。

茨城県
いばらきけん

県の花のバラの、開きはじめのつぼみをデザイン。

面積	6097km²
人口	288万人
県の鳥	ヒバリ
県の花	バラ
県の木	ウメ

ビタミンたっぷり！
干しイモ

全国の約90%の生産量を占め、とくにひたちなか市が一大産地。サツマイモの生産量は、全国２位だよ！

結城紬

奈良時代から続く、日本最古の絹織物で、国の伝統的工芸品。2010年に無形文化遺産📖に登録されたよ。

ウメの花の名所
偕楽園

日本三名園のひとつ。江戸時代に水戸藩主・徳川斉昭が造った庭園で、春には約3000本のウメの花がさくよ。

本物のロケットの展示も！
JAXA筑波宇宙センター

人工衛星やロケットの研究・開発、宇宙飛行士の訓練などが行われているよ。見学ツアーもあるよ！

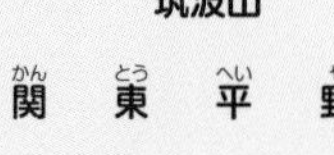

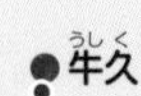

世界最大のブロンズ立像
牛久大仏

全長120mで、ブロンズ立像としては世界一の高さ。中から大仏の胸の展望台に上がることもできるよ。

📖無形文化遺産…ユネスコ（国際連合教育科学文化機関）に登録された、古くから受けつがれる音楽、舞踊、演劇、工芸技術など

アンコウ

大洗沖は、プランクトンが豊富なため、それをエサにするアンコウが多くとれるよ。

家電製品

日立市には、家電製品、産業機械の企業や、それらを作る工場がたくさん集まっているよ。

日立

アクアワールド 茨城県大洗水族館

▶48ページ

ひたちなか

水戸

那珂川

大洗

大洗港

納豆は水戸市を代表する食べ物

もともと水戸市では、納豆の原料である大豆の栽培が盛ん。鉄道が開通した明治時代、水戸駅で納豆を販売したのが人気になり、全国に広まったよ。

レンコン

霞ケ浦周辺が、日本一の産地。蓮田と呼ばれる、水をはった田で栽培されるよ。

ハクサイ

県西部は平地が多く、栽培に適した土地。とくに、八千代町や結城市で栽培が盛んだよ。

メロン

鉾田市は、水はけがよく温暖な気候で栽培に適しているよ。茨城県は日本一のメロン王国。

ピーマン

水はけのよい土地と温暖な地形をいかして、おもに神栖市や鹿嶋市で栽培されているよ。

城空港

鉾田

霞ケ浦

太平洋

北浦

鹿嶋

鹿島港

神栖

利根川

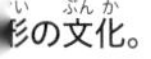

彡の文化。

栃木県

栃木県の「栃」の字をデザインしたもの。

面積	6408㎢
人口	195万人
県の鳥	オオルリ
県の花	ヤシオツツジ
県の木	トチノキ

農業や酪農のほか、観光業も盛んだよ！

落差約97m！

華厳滝

日本三名瀑のひとつで、中禅寺湖の水が97mの高さから流れ落ちるよ。迫力満点の滝を、間近で見ることも可能！

白根山 男体山 足尾山地 中禅寺湖 渡良瀬川 鬼怒 日光

男体山の噴火でできた!?

中禅寺湖

自然にできた湖のなかで日本一高い場所にあり、標高はなんと1200m以上！　日光国立公園内にあるよ。

日本最古の学校

足利学校

室町時代には日本全国から集まった多くの僧や武士がここで学んだよ。宣教師のフランシスコ・ザビエルによって「坂東の大学」として世界に紹介されたことも。

栃木 足利 佐野

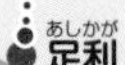

イチゴ

全国の約15%の生産量だよ。人気品種「とちおとめ」は、栃木県で誕生したよ。

ニラ

全国トップクラスの生産量で、とくに鹿沼市で盛ん。年間を通して出荷されるよ。

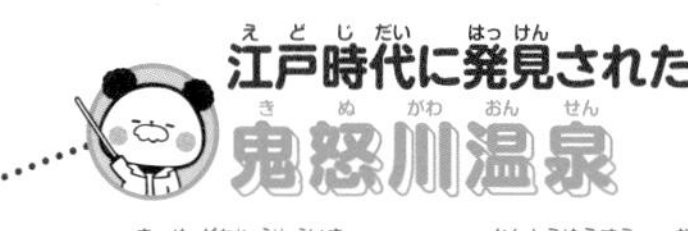

江戸時代に発見された
鬼怒川温泉

鬼怒川上流域にある、関東有数の温泉地。江戸時代は、日光に参拝にきた大名や僧のみが利用することを許されたとか！

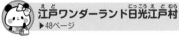

江戸ワンダーランド日光江戸村
▶48ページ

急流ではスリル満点！
鬼怒川ライン下り

鬼怒川を船に乗って下るよ。四季折々の美しい渓谷が楽しめる！

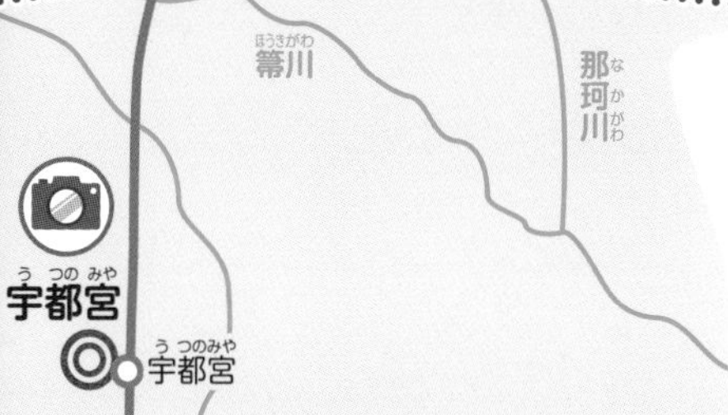

日光の社寺
▶151ページ

益子焼

益子町に江戸時代末期から続く焼きもので、国の伝統的工芸品。春と秋に「益子陶器市」が開かれるよ。

乳用牛

生乳は全国２位の生産量。栃木県は酪農が盛んで、5万頭以上の乳用牛が飼育されているよ。

カメラ用交換レンズ

宇都宮市に、一眼レフカメラやデジタルカメラ、それらのレンズを製造する工場があるよ。

年間約350tの生産量をほこる
カンピョウ

江戸時代から続く特産品。ユウガオの実から作られていて、栃木県は全国の生産量の90%以上を占めているよ。

群馬県

上毛三山の中に「群」の古い字を置いた。

面積	6362㎢
人口	195万人
県の鳥	ヤマドリ
県の花	レンゲツツジ
県の木	クロマツ

歴史ある名湯・草津温泉があるよ！

越後山脈

上越新幹線

上毛高原

わき出るお湯の量は日本一！ 草津温泉

草津温泉のお湯は高温だから、木の板でお湯をかきまわす「湯もみ」で温度を下げるよ。

草津

嬬恋

榛名山

浅間山

北陸新幹線

安中榛名

高崎

赤城山、榛名山、妙義山 合わせて上毛三山

ハイキングコースとしても人気の上毛三山は、県民に親しまれる群馬県のシンボルだよ。

妙義山

富岡

下仁田

富岡製糸場と絹産業遺産群

▶151ページ

甘楽

関東山地

1 生糸

群馬県では古くから絹織物の生産が盛ん。明治時代初期、近代的な製糸工場が造られ、製糸業が発展したよ。

こんにゃくパーク

▶48ページ

尾瀬ヶ原
尾瀬沼
白根山

赤城山
渡良瀬川
桐生
前橋
関東平野
伊勢崎
太田

日本の環境保護運動のシンボル

尾瀬（尾瀬ヶ原）

福島県、群馬県、新潟県にまたがる高層湿原。春～夏にかけてミズバショウがさきほこるよ。

キャベツ

浅間山のふもとの嬬恋村はすずしい気候で、高原キャベツなどの栽培が盛んだよ。

コンニャクイモ

全国の約90%の生産量を占め、コンニャク工場も多いよ。「下仁田コンニャク」が有名。

旧石器時代の遺跡

岩宿遺跡

この遺跡から打製石器が発見されたことで、日本列島にも旧石器時代があったことがわかったよ。

桐生織

桐生市周辺で作られる絹織物。「西の西陣、東の桐生」と評される国の伝統的工芸品で、その歴史は1000年以上といわれるよ。

出荷額は全国上位！

アイスクリーム王国

群馬県では酪農が盛んで、生乳の生産量は全国上位！　そのため、生乳を原料とするアイスクリームの出荷額も多いよ。

毎年多くの人でにぎわう

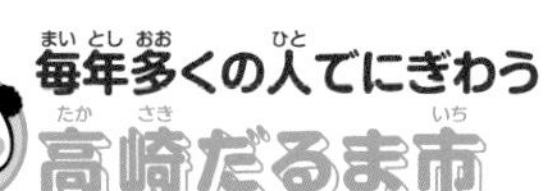

高崎だるま市

毎年１月に開かれ、大小さまざまなだるまが販売されるよ。全国の約80%のだるまが、高崎市で生産されているよ。

埼玉県
さいたまけん

太陽のように、まが玉をならべて発展を表現。

面　積	3798㎢
人　口	733万人
県の鳥	シラコバト
県の花	サクラソウ
県の木	ケヤキ

東京へ通う人が多く住むベッドタウン！

細川紙

小川町と東秩父村で作られている、1300年もの歴史があるといわれる手すき和紙。2014年に、無形文化遺産[2]に登録されたよ。

年間約300万人が訪れる 長瀞渓谷
ねんかんやく300まんにんがおとずれる　ながとろけいこく

景色を見ながらライン（川）下りやカヌーが楽しめるよ。天然記念物[1]にも指定されている岩畳も見どころ！

300年以上の歴史がある 秩父夜祭
ねんいじょうの　れきしがある　ちちぶよまつり

秩父神社で12月に行われるよ。ちょうちんで飾りつけられた大きな山車や花火大会が有名だよ。無形文化遺産[2]にも登録。

秩父山地
ちちぶさんち

雲取山
くもとりやま

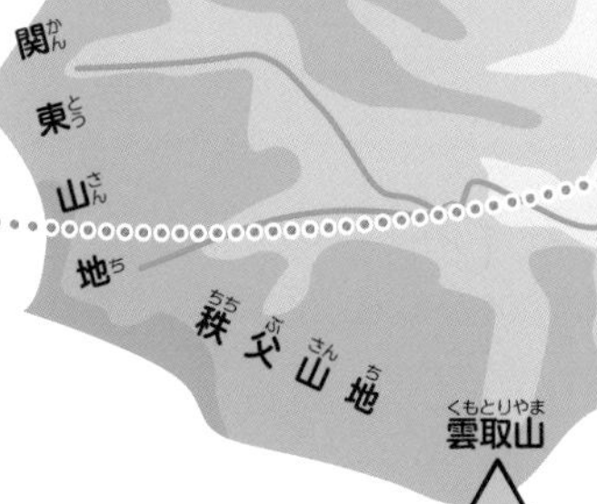

サトイモ

所沢市、狭山市など県内各地で生産されているよ。サトイモを使った菓子やグルメも！

ネギ

全国２位の生産量。とくに深谷市で作られる「深谷ネギ」は、県を代表する特産品だよ。

ホウレンソウ

全国２位の生産量で、本庄市や上里町で栽培が盛ん！　水はけがよく鉄分を多くふくんだ土が、栽培に適しているよ。

[1] 天然記念物➡11ページ　[2] 無形文化遺産➡32ページ

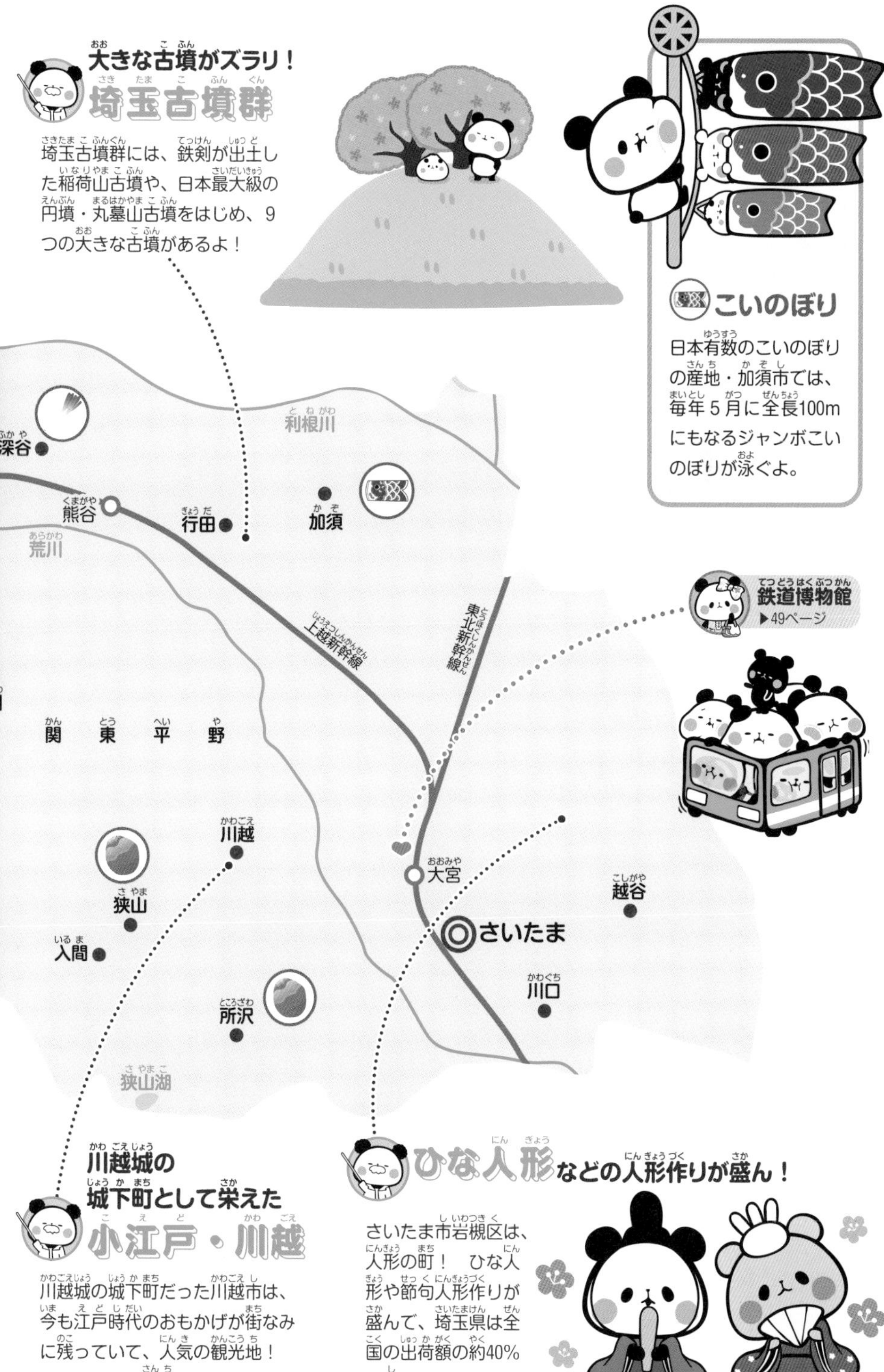

大きな古墳がズラリ！ 埼玉古墳群

埼玉古墳群には、鉄剣が出土した稲荷山古墳や、日本最大級の円墳・丸墓山古墳をはじめ、9つの大きな古墳があるよ！

こいのぼり

日本有数のこいのぼりの産地・加須市では、毎年5月に全長100mにもなるジャンボこいのぼりが泳ぐよ。

鉄道博物館

▶49ページ

川越城の城下町として栄えた 小江戸・川越

川越城の城下町だった川越市は、今も江戸時代のおもかげが街なみに残っていて、人気の観光地！ サツマイモの産地でもあるよ。

ひな人形などの人形作りが盛ん！

さいたま市岩槻区は、人形の町！ ひな人形や節句人形作りが盛んで、埼玉県は全国の出荷額の約40%を占めるよ。

千葉県

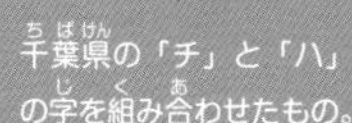

千葉県の「チ」と「ハ」の字を組み合わせたもの。

面積	5158㎢
人口	626万人
県の鳥	ホオジロ
県の花	ナノハナ
県の木	マキ

三方を海に囲まれていて、
いろいろな産業が発展したよ！

江戸の食文化を支えた しょうゆの生産地

江戸時代に関西地方から製法が伝わり発展。野田市や銚子市は、全国有数の産地だよ。

東京ディズニーリゾート
▶49ページ

日本最大級の貝塚 加曽利貝塚

縄文時代の貝塚📖は全国で約2400か所。そのうち120か所が千葉市に集中していて、なかでも加曽利貝塚は、上空から見ると「8」の字に見える形と大きさで有名。

房州うちわ

国の伝統的工芸品。館山市や南房総市は材料の竹の産地だったことから、明治時代からうちわ作りが盛んに！

マザー牧場
▶49ページ

野田
柏
印旛
松戸
市川
船橋
関
浦安
江戸川
千葉
千葉港
東京湾
東京湾アクアライン
富津
房総半島
南房総
館山

📖貝塚…縄文時代の人々が食べたあとの貝がら、魚や動物の骨などが積もってできた遺跡。

1000年以上の歴史がある 成田山新勝寺

正月三が日の初詣には毎年約300万人が訪れる！ 節分会では関取や有名人が盛大に豆まきをするよ。

利根川

日本と外国をつなぐ玄関口 成田国際空港

成田市にある日本と海外を結ぶ国際空港。国際線の旅客数、貿易額が日本一だよ！

八街

水揚げ量日本一の漁港 銚子港

房総半島の一番東に位置する銚子港では、とくにイワシやサバが多く水揚げされるよ。

美しい初日の出が見られる 犬吠埼

犬吠埼は初日の出の名所として知られているよ。岬に立つ真っ白な灯台は、のぼって見学ができるよ！

九十九里浜

いすみ

約66km続く砂浜海岸 九十九里浜

太平洋沿いに約66km続く、日本有数の長い砂浜。海水浴やサーフィンが楽しめる人気スポットだよ。

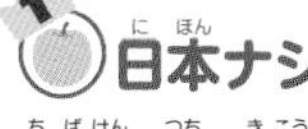

日本ナシ

千葉県の土や気候がナシ栽培に適しているよ。「二十世紀ナシ」は、松戸市で発見された品種！

ラッカセイ

全国の約80%の生産量を占め、とくに八街市を中心に栽培されているよ。

東京都
とう きょう と

東京都のアルファベットの頭文字「T」をデザイン。

面積	2194㎢
人口	1382万人
都の鳥	ユリカモメ
都の花	ソメイヨシノ
都の木	イチョウ

日本の首都で政治、経済、文化の中心地！

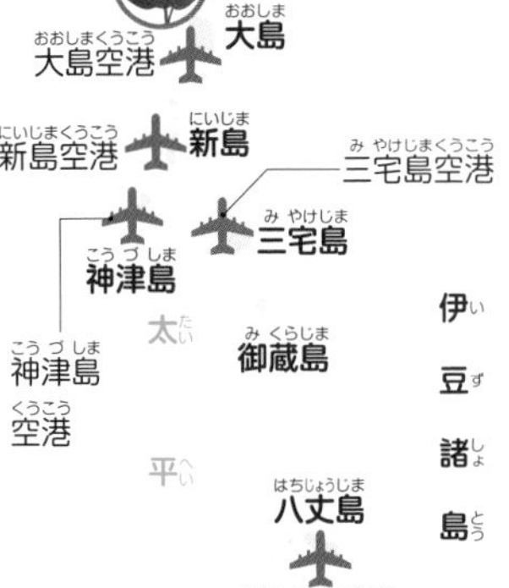

多くの観光客が訪れる！高尾山

標高599m、都心から約1時間で行けて、豊かな自然を満喫できるよ。年間の観光客や登山客の数は、260万人を超えるとか。

村山大島紬

武蔵村山市周辺で作られる絹織物で、国の伝統的工芸品。すべて手作業で、長い時間をかけて完成するよ。

世界遺産 小笠原諸島

▶151ページ

1 ツバキ

大島では、約1500種のツバキを見ることができるよ。なかでも「大島ツバキ」からとれるツバキ油は、特産品。

印刷業

日本の首都で、情報の中心地でもある東京都には、大きな新聞社や出版社が多く、印刷会社も集中しているよ。

📖ハブ空港…国内外の航空路線が集中し、地域の人や物の輸送拠点（ハブ）となる空港。

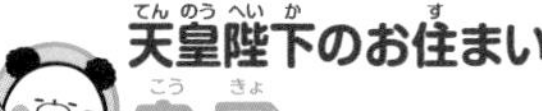

天皇陛下のお住まい
皇居

江戸時代に将軍が住んでいた江戸城が、明治時代に皇居となったよ。天皇皇后両陛下のお住まいである御所や、皇室の行事を行う宮殿などがあるよ。

日本の政治の中心
国会議事堂

国会が開かれる建物。国民の代表（国会議員）が集まって、法律を定めるよ。

神田祭
▶148ページ

東京の初夏の風物詩！
三社祭

毎年５月に３日間行われる浅草神社のお祭り。「大行列」でスタートするよ。100基を超えるみこしは圧巻。

世界遺産 ル・コルビュジエの建築作品
ー近代建築運動への顕著な貢献ー
▶151ページ

東平野

東京
新宿区
台東区
上野
西東京

府中
調布飛行場
調布

東京
中央区
荒川
江戸川
品川
東海道新幹線
東京湾
羽田空港

東京都恩賜上野動物園
▶49ページ

世界一高い電波塔
東京スカイツリー

2012年に完成！　自立式電波塔としては、世界一高いよ。高さは634m！

初詣の参拝客数は日本一！
明治神宮

明治天皇と明治天皇の皇后である昭憲皇太后がまつられている神社。全国から献木された、約10万本を植樹してできた森林が広がっているよ。

利用客数日本一！
東京国際空港

通称「羽田空港」。2010年、海外の飛行機も発着できる国際空港として、アジアのハブ空港📖になっているよ。

神奈川県

神奈川県の「神」の字をデザインしたもの。

横浜、鎌倉、箱根などが観光地として大人気！

面積	2416㎢
人口	918万人
県の鳥	カモメ
県の花	ヤマユリ
県の木	イチョウ

意外な特産品！

チーズの生産量が多い！

ナチュラルチーズ（プロセスチーズの原料）のほとんどは海外からの輸入品。神奈川県には国際貿易港の横浜港があるから、プロセスチーズの生産量も多くなったんだよ。

相模湖

丹沢山

丹沢山地

100年以上の歴史がある 江ノ電

鎌倉市と藤沢市の海沿いを走る江ノ島電鉄。沿線には名勝が多く、江ノ電自体も観光スポットだよ。

東海道新幹線

小田原

日本有数の温泉地

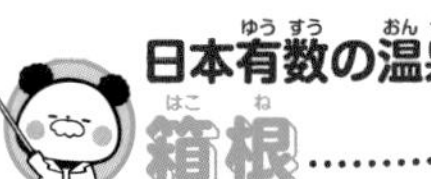

箱根

活火山の箱根山のふもとに広がる温泉が有名。多くの観光客でにぎわい、お正月には箱根駅伝で盛りあがるよ！

アユ

多摩川、相模川などにアユが放流され、アユ釣りが解禁されると、多くの釣り人でにぎわうよ。

鎌倉彫

カツラやイチョウなどの木に模様を彫って作る国の伝統的工芸品。何度もうるしを塗ってしあげるよ。

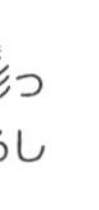

1 シャンプー・リンス

神奈川県は、全国の出荷額の約30%を占めるよ。日本で初めて西洋理髪店ができたのも、横浜市！

三大工業地帯のひとつ
京浜工業地帯

川崎市、横浜市周辺の東京湾沿岸は全国有数の工業地帯。石油化学の工場や製鉄所が多いよ。

日本最大の中華街
横浜中華街

横浜市にある日本最大の中華街。500店以上の店がならび、多くの観光客でにぎわっているよ。

多摩川

新横浜

川崎

東京湾アクアライン

横浜港

横浜

鎌倉のシンボル
鎌倉大仏

源頼朝が鎌倉幕府を開いた鎌倉市には、鎌倉時代に造られたお寺などが残っているよ。高さ約11mの鎌倉大仏もそのひとつ！

東京湾

横浜・八景島シーパラダイス
▶49ページ

藤沢

鎌倉

横須賀

三浦半島

黒船がやってきた！
浦賀

日本が鎖国中だった江戸時代末期、アメリカのペリーが艦隊を率いてやってきた浦賀。江戸幕府に開国を要求して、数年後に横浜港が開港されたよ。

鎌倉まつり
▶148ページ

マグロ

三浦半島にある三崎港は、全国有数の遠洋漁業の基地。とくにマグロの水揚げ量が多いよ。

三崎港

太平洋

関東地方のご当地グルメ

定番のおかずからおやつまで、関東地方の代表的な料理はこれだ！

茨城県

アンコウ鍋

茨城県ではアンコウ漁が盛んだから、アンコウと野菜をいっしょに煮こむ鍋料理が名物になったよ。

納豆料理

茨城県といえば、小粒の大豆で作られる水戸納豆が有名。納豆パスタや、納豆パフェなど、納豆を使った変わり種料理やスイーツもあるよ。

栃木県

ぎょうざ

宇都宮市にはぎょうざのお店がたくさんあるよ。野菜がたくさん入っていて、さっぱりしているのが特徴。

耳うどん

その名の通り、耳の形をしたうどん。小麦粉で作られた麺はもちもちだよ。「鬼の耳」に見立てた耳うどんを食べることで、厄ばらいができるんだって！

群馬県

ひもかわうどん

桐生地方に伝わる、うすくて平べったいうどん。太さは1.5～10㎝以上と、お店によってちがうよ。温かいつゆにつけて食べるのが定番。

焼きまんじゅう

蒸したまんじゅうを竹串にさして、みそダレを塗って焼いたもの。あんこが入ったものもあって、群馬県ではおやつとしても人気だよ。

埼玉県

ゼリーフライ

行田市民に親しまれている揚げもの。日露戦争のときに中国から伝わったとされる「野菜まんじゅう」がルーツ。ジャガイモやニンジンなどと、たくさんのおからを練って油で揚げるよ。

つみっこ

小麦粉をこねたものをつみとって鍋に入れるから「つみっこ」！ 野菜や鶏肉などといっしょに煮るよ。手軽に作れておいしい、庶民の味だよ。

千葉県

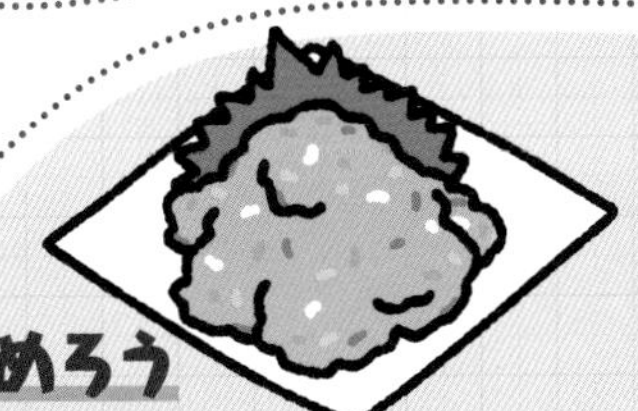

なめろう

漁師たちが漁船の上で、とったばかりの魚をさばいて味つけをし、包丁で細かくたたいて食べたのが始まり。「アジのなめろう」「サンマのなめろう」などが有名だよ。

太巻きずし

カンピョウやキュウリ、つけものなどの具材を入れた巻きずし。切り口の模様がはなやかで、お祝いごとのごちそうなどとして作られているよ。

東京都

もんじゃ焼き

水で溶いた小麦粉にさまざまな具材を混ぜて、鉄板で焼いて食べるよ。中央区・月島の「もんじゃストリート」は、もんじゃ屋さんだらけ！

江戸前ずし

江戸時代に、せっかちな江戸っ子がすぐにおなかいっぱいになれるように、すしめしとネタ（具材）を屋台で握ったのが始まりだよ。

神奈川県

サンマーメン

魚のサンマではなく、「生馬（生きのよい具材）」という中国語（広東語）が名前の由来といわれているよ。豚肉や野菜が入ったとろみのあるあんを麺にのせて食べるよ。

シラス丼

神奈川県では、シラス漁が盛ん！ 新鮮な生シラスをのせた生シラス丼と、ゆでたシラスをのせた釜揚げシラス丼があるよ。

ちびぱんイチオシ

関東地方のお出かけスポット♪

1日いても遊び足りない！　関東地方のおすすめスポットをご紹介！

茨城県　大洗町

アクアワールド茨城県大洗水族館

➡33ページ

太平洋に面した、日本トップクラスの大きさをほこる水族館。茨城の海を再現した「出会いの海ゾーン」を中心に9つのゾーンに分かれているよ。「世界の海ゾーン」は、日本一サメの種類と数が多く、展示されているサメの種類はなんと約50種！

たくさんのサメたちは見るだけでゾクゾク！

栃木県　日光市

江戸ワンダーランド日光江戸村

➡34ページ

「江戸時代」をリアルに体験！　タイムスリップしたように本格的な江戸の町で、お芝居やグルメなどを楽しめるテーマパークだよ。子どもを対象にしたプログラム「江戸職業体験」では、忍者になって手裏剣投げや城壁登りの体験ができる！

お侍や忍者のかっこうをした人がいっぱい！
あ、忍ジャぱん発見！

群馬県　甘楽町

こんにゃくパーク

➡36ページ

「こんにゃく」の歴史や雑学などを楽しめる、日本最大級のこんにゃくのテーマパークだよ。こんにゃくの製造工場の見学や無料バイキングでの試食、手作り体験などができるよ！　お土産コーナーで行われる、こんにゃくのつめ放題も大人気！

食べ放題のこんにゃくバイキングでおなかいっぱい！

埼玉県 さいたま市 鉄道博物館

➡39ページ

迫力ある車両が約40両も展示されている博物館。館内では、展示車両や日本最大級の鉄道ジオラマを見ることはもちろん、シミュレータでの鉄道車両の疑似運転体験もできるよ！

運転士や車掌さんの
体験をして大こうふん！

千葉県 富津市 マザー牧場

➡40ページ

東京湾や富士山が見わたせる鹿野山にあるよ。羊や牛、馬、アルパカ、アヒルなどの動物がのびのび暮らしているよ！　ショーやイベントで、動物たちと楽しくふれあうことができるよ！

もこもこの羊、かわいい〜！

千葉県 浦安市 東京ディズニーリゾート

➡40ページ

ウォルト・ディズニー作品の世界を表現した日本最大級のテーマパーク「東京ディズニーランド」と「東京ディズニーシー」に、ホテルなどをふくめた複合商業施設。アトラクションやショー、グルメが楽しめるよ！

ロマンチックなシンデレラ城に、
ひめぱんもうっとり♥

神奈川県 横浜市 横浜・八景島シーパラダイス

➡45ページ

水族館やアトラクション、レストラン、ショップ、ホテルなどのエリアに分かれている複合型レジャー施設。水族館の体験プログラムでは、イルカと泳いだり、エサをあげたりできるよ！

やさしいシロイルカと
友だちになれたよー♪

東京都 台東区 東京都恩賜上野動物園

➡43ページ

日本で一番古い動物園だよ。ゾウやライオンといったおなじみの動物から、ニシゴリラやハシビロコウといっためずらしい動物まで、約350種の動物が飼育されているよ。

ハシビロコウって、
動かないの……？

全国なんでもランキング Part2

天気・気候トップ3

※台風は気象庁ホームページ、標高は国土交通省の国土地理院地図、そのほかは総務省統計局「統計でみる都道府県のすがた」より。

快晴の日が多い

1. 宮崎県……67日
2. 静岡県……64日
3. 埼玉県……47日

(2018年)

快晴は雲ひとつなく、晴れていることだよ！

雨や雪の日が多い

1. 石川県……185日
2. 富山県……179日
3. 福井県……175日

(2018年)

平均気温が高い

1. 沖縄県……23.5℃
2. 鹿児島県…19.0℃
3. 宮崎県……17.8℃

(2018年)

平均気温が低い

1. 北海道……9.5℃
2. 青森県……11.0℃
2. 岩手県……11.0℃

(2018年)

平均湿度が高い

1. 富山県……78%
2. 福井県……77%
2. 宮崎県……77%

(2018年)

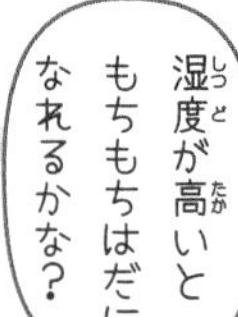

湿度が高いともちもちはだになれるかな？

台風が上陸しやすい

1. 鹿児島県…41回
2. 高知県……26回
3. 和歌山県…24回

(1951～2019年の合計)

都道府県庁所在地の標高が高い

1. 長野県（長野市）……371.5m
2. 山梨県（甲府市）……270.4m
3. 山形県（山形市）……198.6m

(2019年)

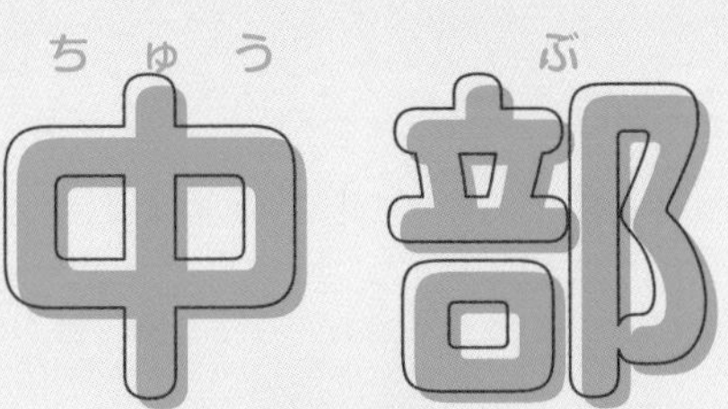

地方

東西と南北に幅広い地方。中央には、標高3000m級の山々が連なり、3つの山脈からなる「日本アルプス」がそびえているよ。

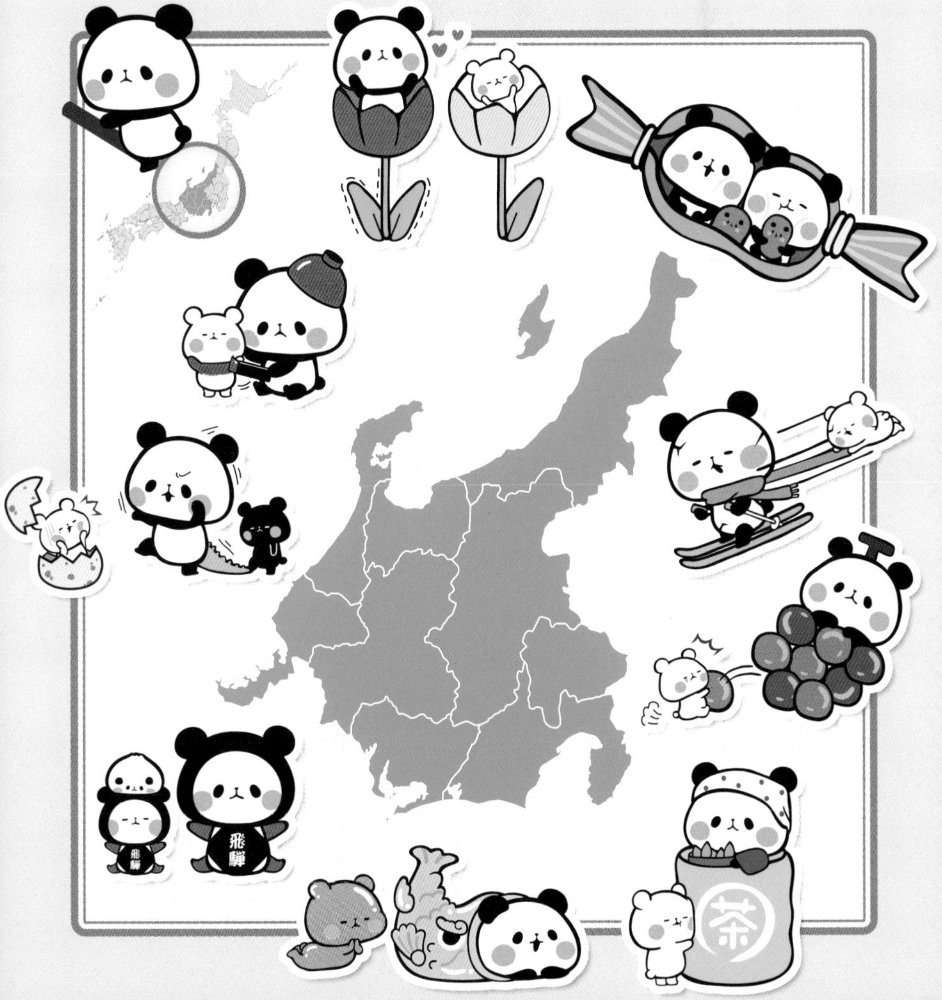

新潟県
にいがたけん

新潟県の「新」を中心に、「ガ」「タ」の字を模様化。

面積	1万2584㎢
人口	225万人
県の鳥	トキ
県の花	チューリップ
県の木	ユキツバキ

トキを保護している
佐渡島

佐渡島は、特別天然記念物📖のトキの生息地だったけれど、野生のトキは絶滅。現在は、中国から贈られたトキを佐渡トキ保護センターで育て、野生にもどす努力を続けているよ。

佐渡空港

佐渡島

日本最大の金山だった
佐渡金山

江戸時代に開発されてから約400年間で、約78ｔの金と、約2330ｔの銀が採掘されたよ。坑道の総延長は約400㎞にもなるよ！

小千谷縮

小千谷市周辺で、冬の農家の副業として、麻織物作りが始まったよ。雪にさらして仕上げるのが特徴の、国の伝統的工芸品。

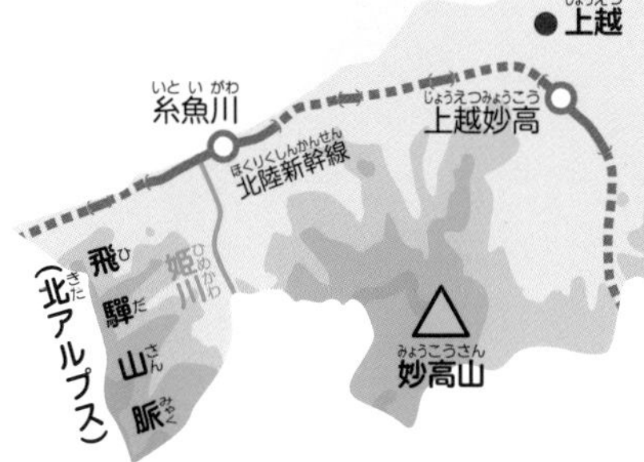

1 米

豊富な雪どけ水と適した気候から、日本一の産地に！「コシヒカリ」の栽培が盛んだよ。

1 マイタケ

新潟県はキノコ王国！　なかでもマイタケは、全国の生産量の60%以上で日本一。

エダマメ

新潟市を中心に、県内各地で約40種類が作られているよ。消費量は日本一！

📖天然記念物➡11ページ

日本一長い 信濃川

長野県から流れこみ、越後平野を流れて日本海にそそぐ、全長367㎞の川。上流の長野県では千曲川と呼ばれるよ。

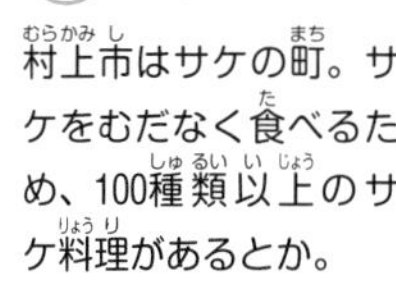

サケ

村上市はサケの町。サケをむだなく食べるため、100種類以上のサケ料理があるとか。

粟島

村上

新潟市水族館 マリンピア日本海
▶72ページ

新潟港 新潟空港

新発田

日本海

新潟

新潟

越後平野

阿賀野川

五泉

燕

燕三条

三条

長岡

長岡

上越新幹線

小千谷

越後山脈

浦佐

信濃川

越後湯沢

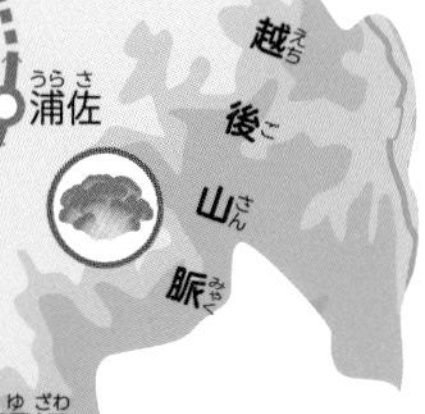

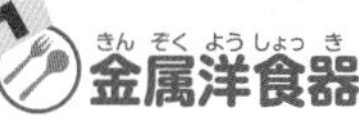

越後平野では米菓などの生産も盛ん

気候のほか治水工事の成果もあって、米作りに適した土地に。米を原料とするせんべいや日本酒などの生産も発展したよ。

金属洋食器

燕市では、スプーンやフォークなどの金属洋食器の生産が盛ん。世界各国に輸出も！

ニット製品

五泉市は、生産量日本一の、ニットの町。江戸時代から、絹織物産業で栄えてきたよ。

石油（原油）

新潟県は、石油（原油）、天然ガスの生産量日本一！
新潟市には、石油の歴史や文化を学べる資料館もあるよ。

富山県

県のシンボル・立山の形と「と」の字をデザイン。

変化に富んだ地形と豊かな水が魅力！

面積	4248km²
人口	105万人
県の鳥	ライチョウ
県の花	チューリップ
県の木	タテヤマスギ

高岡銅器

江戸時代から高岡市で作られる、国の伝統的工芸品。仏具や花器、アクセサリー小物などがあり、国内外で人気があるよ。

1

チューリップ（球根）

砺波平野は、日本有数のチューリップの産地。もともとは、米の裏作[1]として栽培が始まったよ。

スイカ（入善ジャンボスイカ）

ラグビーボールのような楕円形のスイカ。重さは平均15〜18kgで、重いものだと25kgになるものも！

伝統ある薬の訪問販売
富山の薬売り

全国をまわる薬の訪問販売は、江戸時代からの伝統。現在でも、富山県では製薬業が盛んだよ。

世界遺産 白川郷・五箇山の合掌造り集落

▶151ページ

[1] 裏作…主となる作物（表作）を収穫したあとの田畑で、ほかの作物を作ること。　[2] 定置網漁…海の中に網を一定期間入れてお

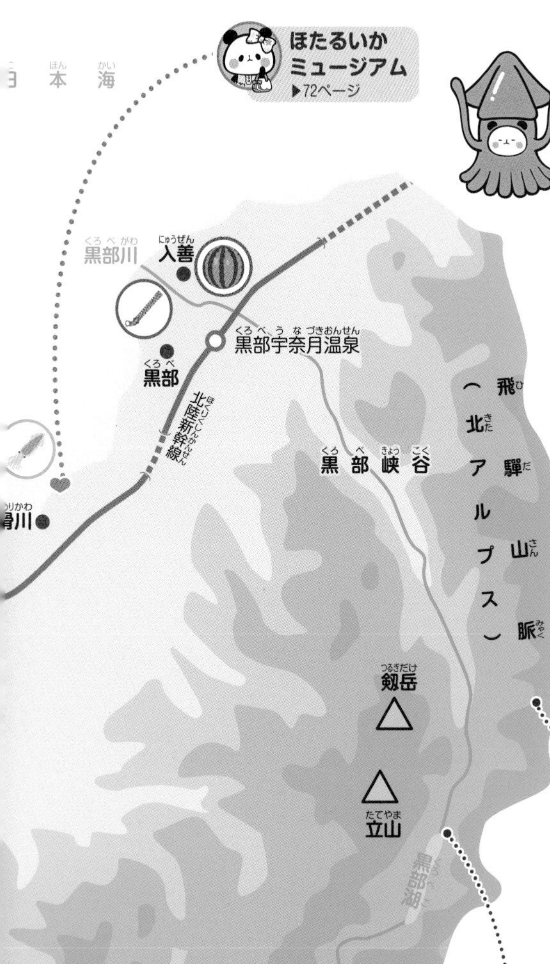

ホタルイカ

富山湾で古くから盛んな定置網漁[2]で、3～5月ごろにとれるよ。
ほかにも、富山湾ではいろいろな魚介類がとれるよ。

ブリ

冬に氷見港でとれる「氷見の寒ブリ」が人気だよ。富山県はブリの消費量も日本一！

シロエビ

シロエビは、国内では富山湾でしかとれないため、「まぼろしのエビ」といわれているよ。

標高3000m級の山が南北に連なる
北アルプス

日本アルプスの一部で、正式名称は「飛騨山脈」。140～80万年前の火山活動などによって、険しい地形になったよ。

登山客にも人気！
黒部ダム

えん堤の高さ日本一をほこる水力発電用のダム。毎年、夏～秋に行われる放水は、観光客に大人気だよ。

ファスナー

国内約95%、世界約45%の生産量！ 黒部市には、ファスナー生産で世界一の企業があるよ。

アルミサッシ

高岡市では古くから銅の鋳物作りが盛ん。その技術をいかして、アルミサッシの生産も発展したよ。

こに魚をさそいこむ漁法。

石川県

「石川」の字と県の地形をデザインしたもの。

面積	4186㎢
人口	114万人
県の鳥	イヌワシ
県の花	クロユリ
県の木	アテ

数多くの伝統文化が
現在も受けつがれているよ！

スルメイカ

石川県では多くの種類のイカがとれるけれど、なかでも代表的なのが、スルメイカ。夏になると、全国から約300隻のイカ釣り漁船が集まるよ。

ブリ

富山県の「氷見の寒ブリ」と同じ水域でとれるのが「天然能登寒ブリ」。引きしまった身にあぶらがのった、ブランド寒ブリだよ！

輪島塗

古くから輪島市で作られている漆器で、国の伝統的工芸品。木地に何度もうるしを塗りかさね、金箔や金粉などで飾るよ。

1000年以上の歴史がある

輪島朝市

平安時代から続く朝市。朝8時から、新鮮な海産物や民芸品などの露店が200店以上ならぶよ。

土塀と石畳が続く街なみ！

長町武家屋敷跡
ながまちぶけやしきあと

江戸時代に加賀藩の城下町として栄えた金沢市には、武家屋敷など当時の街なみが残っているよ。

金沢21世紀美術館
かなざわせいきびじゅつかん

▶72ページ

九谷焼
くたにやき

県西部で作られている磁器で、国の伝統的工芸品。赤、黄、緑、紫、紺青の5色であざやかに色づけされた絵などが特徴だよ。

1 棚田…山の急な斜面に階段状に作られた水田。 2 無形文化遺産➡32ページ 3 雪つり…雪の重さで枝が折れないように、縄

階段状の水田がならぶ 白米千枚田

白米千枚田は、日本最大級の広さをほこる棚田①。1000枚以上の棚田がならんでいる様子が美しいよ。

舳倉島

七ツ島

日本海

輪島

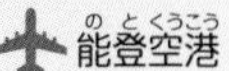

能登空港

能登半島

七尾湾

能登島

富山湾

七尾

日本最大の曳山 青柏祭

毎年5月に行われる、七尾市の大地主神社のお祭り。高さ12m、重さ約20tもある大きな曳山（山車）の立派さを競うよ。無形文化遺産②にも登録。

加賀友禅

江戸時代から受けつがれる染めもの。草花模様が美しくえがかれる染色技法だよ。国の伝統的工芸品。

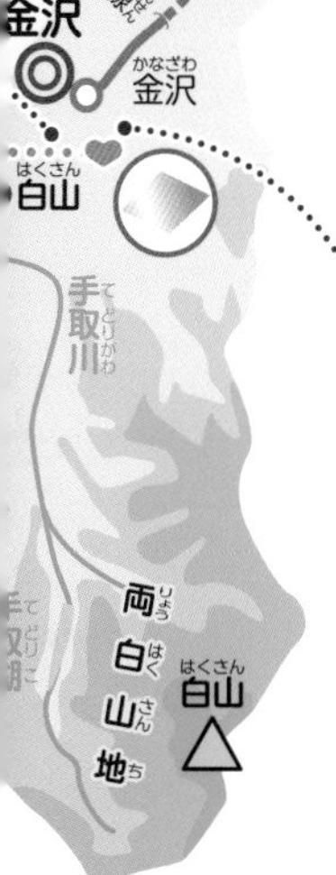

日本三名園のひとつ 兼六園

江戸時代に加賀歴代藩主によって、長い年月をかけて造られた庭園だよ。冬になると見られる雪つり③が有名！

1 金箔（金沢箔）

全国のほとんどの金箔が金沢市で作られているよ。微量の銀、銅を混ぜた金をたたいて厚さ1万分の1㎜ほどにのばすよ。

で木々を保護すること。

福井県

福井県の「フ」「ク」「イ」の字を合わせたもの。

面積	4191㎢
人口	77万人
県の鳥	ツグミ
県の花	スイセン
県の木	マツ

恐竜と越前ガニが有名！

日本海

ズワイガニ

福井県でとれるオスは、福井県の昔の名前からとって、「越前ガニ」と呼ばれるブランドガニ。

1 めがねのフレーム

明治時代に始まった産業で、全国の約90%を鯖江市で作っているよ。

化学繊維

ナイロンやポリエステルなどの化学繊維産業が発展。カーテンやリボンなども多く作られているよ。

江戸時代の天守が残る

丸岡城

柴田勝家のおい・勝豊が築いたお城で、サクラの名所。天守は、外からは2階建てに見えるけれど、じつは3階建ての２層３階建て！

越前海岸

若狭塗

小浜市で作られている漆器で、国の伝統的工芸品。卵のから、マツの葉、ヒノキの葉などを使って模様を作るよ。

若狭湾

美浜湾

三方五湖

小浜

若狭湾と京都をつなぐ

鯖街道

昔、若狭湾でとれた海産物を京都に運ぶ際に使われた街道。サバが多かったことからこの名がついたよ。

天然記念物➡11ページ

高さ23m以上の断崖絶壁！
東尋坊

溶岩が冷えて固まった岩が、日本海の荒波や風にけずられてできたよ。岸壁が約1㎞にわたって続く、国の天然記念物！

坂井
福井空港
福井
永平寺
九頭竜川
勝山
両白山地
鯖江
越前
九頭竜湖

福井県立恐竜博物館
▶72ページ

福井県は恐竜王国！

国内の恐竜の化石のうち、約80%が勝山市で発見されているよ！

越前和紙

越前市で1500年ほど前から始まったといわれる手すき和紙。国の伝統的工芸品で、明治時代には、お札の紙に使われていたよ！

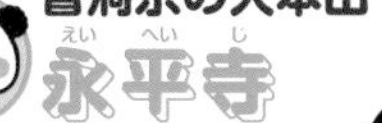

曹洞宗の大本山
永平寺

鎌倉時代に曹洞宗を開いた道元が建てたお寺。現在も全国から修行僧が集まり、きびしい修行をしているよ。

ラッキョウ

坂井市の三里浜では、全国で唯一収穫までに3年かける栽培法「三年子」を行っているよ。

米

県北部を中心に生産が盛ん。「コシヒカリ」は、福井県で誕生した品種だよ。

スイセン

越前海岸は、日本有数のスイセン群生地。ここにさくスイセンは、「越前水仙」と呼ばれるよ。

山梨県

「人」を山状にならべた。ひし形の角は富士山の形。

面積	4465㎢
人口	82万人
県の鳥	ウグイス
県の花	フジザクラ
県の木	カエデ

くだもの作りが盛ん！
とくにモモとブドウが
有名だよ！

八ケ岳

400年以上前に築かれた

信玄堤

戦国大名の武田信玄が、川の氾濫を防ぐために築いたとされる堤防。現在も、その一部が残っているよ。

生産量日本一！

ミネラルウォーター

富士山や南アルプスの山々からのわき水に恵まれ、生産量は全国の約40%を占めているよ。

駒ケ岳
北岳
間ノ岳
赤石山脈（南アルプス）
釜無川
甲斐
甲
南アルプス
富士川
精
本栖湖

甲州水晶貴石細工

山梨県は、日本有数の水晶の産地！　江戸時代に京都から水晶の加工技術が伝わり、水晶細工が始まったよ。国の伝統的工芸品に指定。

富士山－信仰の対象と芸術の源泉－

▶151ページ

富士五湖

富士五湖は、山梨県側の富士山麓にある山中湖、河口湖、西湖、精進湖、本栖湖の総称。これらは、富士山の噴火で、水がせきとめられてできたよ。

日本ワイン発祥の地
「ワイン県」山梨

ワインの原料であるブドウの生産量日本一の山梨県。とくに甲州市勝沼では、明治時代からワイン作りが盛んだよ。

モモ

甲府盆地は、水はけがよく、寒暖差が大きいよ！　くだもの作りに適した環境で、多くの品種のモモが作られているよ。

ブドウ

甲府盆地で生産が盛んで、栽培面積、生産量とも日本一。

スモモ

江戸時代から、現在の南アルプス市周辺で栽培されていたよ。

▶73ページ

日本三大奇祭のひとつ
吉田の火祭り

8月末に富士山のお山じまいとして行われるお祭り。高さ3mもの大きな松明が約70本も燃やされるよ。

走行試験が行われている！
山梨リニア実験線

リニア中央新幹線は時速500km、現在の新幹線の2倍近い速さの世界最速の新幹線だよ。2027年に東京（品川）～名古屋間で運転開始を目指している。山梨県にはリニアの実験用線路があるよ。

長野県

「ナ」の横棒を中心に山と山を湖に映す姿を表す。

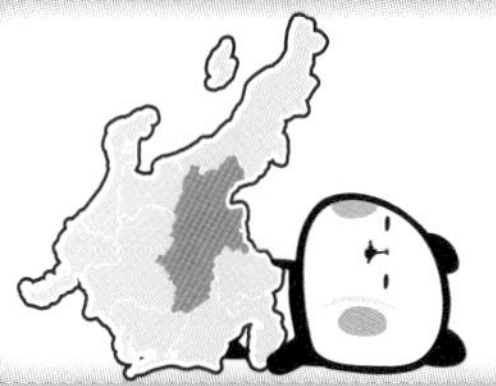

面積	1万3562㎢
人口	206万人
県の鳥	ライチョウ
県の花	リンドウ
県の木	シラカバ

日本で４番目に面積が大きい県で、高い山が多いよ！

白馬グリーンスポーツの森

▶73ページ

冬季オリンピックも開催された

白馬ジャンプ競技場

1998年、長野県で開かれた冬季オリンピックの舞台のひとつ。スタート地点観覧ステージから、選手と同じ目線でスキージャンプ台の高さを体感できるよ。

白馬岳
白馬
飛驒山脈（北アルプス）
槍ケ岳
奥穂高岳
乗鞍岳
松本盆地
安曇野
松本
松本空港
木曽山脈（中央アルプス）
御嶽山
駒ケ岳
木曽川
天竜川
飯田

飛驒、木曽、赤石山脈の３つ

日本アルプス

北アルプス（飛驒山脈）、中央アルプス（木曽山脈）、南アルプス（赤石山脈）の総称。標高3000m級の山々からなり、「日本の屋根」とも呼ばれているよ。

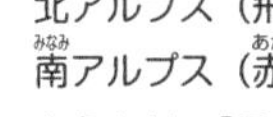

時計

諏訪市、岡谷市を中心に、時計やカメラを中心とした精密機械の製造が盛んだよ。

生産量日本一

信州みそ

全国のみそ生産量の約50%が長野県産。信州みそは、やや辛口でさっぱりとした味わいが特徴。

木曽漆器

塩尻市周辺で作られている、国の伝統的工芸品。ヒノキなどの木地にうるしを塗って作るよ。

門前町…大きな寺院や神社の参道沿いで、参拝客などを相手に発展した町。

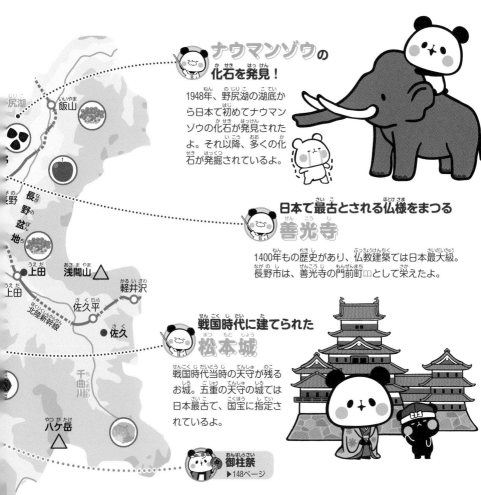

ナウマンゾウの化石を発見！

1948年、野尻湖の湖底から日本で初めてナウマンゾウの化石が発見されたよ。それ以降、多くの化石が発掘されているよ。

日本で最古とされる仏様をまつる善光寺

1400年もの歴史があり、仏教建築では日本最大級。長野市は、善光寺の門前町（用）として栄えたよ。

戦国時代に建てられた松本城

戦国時代当時の天守が残るお城。五重の天守の城では日本最古で、国宝に指定されているよ。

御柱祭 ▶148ページ

ソバ

生産量は全国2位。「信州そば」として全国的に有名。県内にはそば打ちができる施設も！

リンゴ

すずしい気候の長野盆地や松本盆地で作られていて、全国２位の生産量をほこるよ。

ワサビ

ワサビはきれいで冷たい水がないと育たないよ。安曇野市は、日本有数のワサビの産地。

レタス

長野県ではすずしい気候をいかして、レタスやハクサイなどの高原野菜の栽培が盛んだよ。

エノキタケ・マツタケ・ブナシメジ

県内全域でキノコ栽培が盛ん。なかでも、エノキタケ、マツタケ、ブナシメジは日本一！

岐阜県

岐阜県の「岐」の字をデザインしたもの。

面積	1万621㎢
人口	200万人
県の鳥	ライチョウ
県の花	レンゲソウ
県の木	イチイ

世界遺産
白川郷・五箇山の合掌造り集落
▶151ページ

白川

両白山地

白山

全国的に栽培されている「富有柿」は、明治時代に瑞穂市で誕生した品種だよ。

3つの川を合わせて 木曽三川

木曽川、長良川、揖斐川の総称。3つの川の下流には、日本一広い国営の公園があるよ！

伝統的な漁 長良川の鵜飼い

鵜飼いとは、鵜という鳥を操ってアユをとる漁法。長良川の夏の風物詩として、観光客に人気だよ。「うがい」の語源にもなっているよ！

揖斐川

難攻不落の城として知られた 岐阜城

1567年に織田信長が稲葉山城から岐阜城へ名を改め、安土城に移るまで天下統一の拠点としたよ。

数多くの武将が戦った 関ケ原古戦場

関ケ原は、1600年に石田三成率いる西軍と徳川家康率いる東軍が争った「天下分け目の戦い」の舞台だよ。

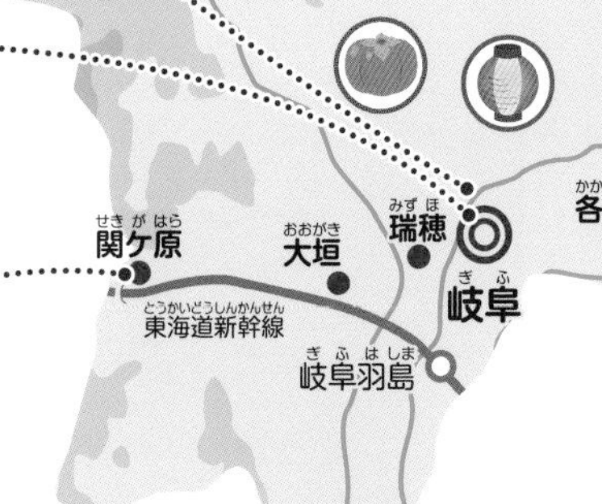

無形文化遺産➡32ページ

古くから伝わる人形
さるぼぼ

飛驒地方で良縁や安産のお守りとして作られるよ。「さるぼぼ」はサルの赤ちゃんという意味。

肉用牛（飛驒牛）

おもに、飛驒地方の山地で飼育されている黒毛和牛。春〜秋は放牧で、冬は牛舎で飼われているよ。

岐阜提灯

美濃地方で作られる美濃和紙や竹を使い、花などの絵柄がえがかれたちょうちんだよ。国の伝統的工芸品に指定。

美濃焼

1300年以上、土岐市や多治見市などで作られている陶磁器で、国の伝統的工芸品。土岐市は、陶磁器生産量日本一だよ。

江戸時代から続く伝統のお祭り
高山祭

高山市で行われる春の山王祭と秋の八幡祭。江戸時代から続く伝統行事で、はなやかな屋台は見もの！　無形文化遺産にも登録されているよ。

（岐阜県先端科学技術体験センター）
サイエンスワールド
▶73ページ

包丁

関市では、刃物作りが盛ん。鎌倉時代から刀剣作りの技術が受けつがれているよ。

静岡県
しずおかけん

県の地形と富士山の形を組み合わせたデザイン。

面積	7777km²
人口	366万人
県の鳥	サンコウチョウ
県の花	ツツジ
県の木	モクセイ

静岡県といえば お茶とミカンと富士山！

間ノ岳
あいのだけ

赤石山脈（南アルプス）
あかいしさんみゃく みなみ

有名選手も多数輩出
ゆうめいせんしゅ たすうはいしゅつ
サッカー王国・清水
おうこく しみず

旧清水市（現在の静岡市清水区）
きゅうしみずし げんざい しずおかししみずく
は日本少年サッカー発祥の地！
にほんしょうねん はっしょう ち
清水出身のJリーガーも多いよ。
しみずしゅっしん ジェイ おお

静岡県を代表するイベント
しずおかけん だいひょう
大道芸
だいどうげい
ワールドカップin静岡
イン しずおか

毎年11月初旬に静岡市で開
まいとし がつしょじゅん しずおかし ひら
かれるアジア最大級の大道
さいだいきゅう だいどう
芸イベント。世界各国から
げい せかいかくこく
アーティストが集まるよ！
あつ

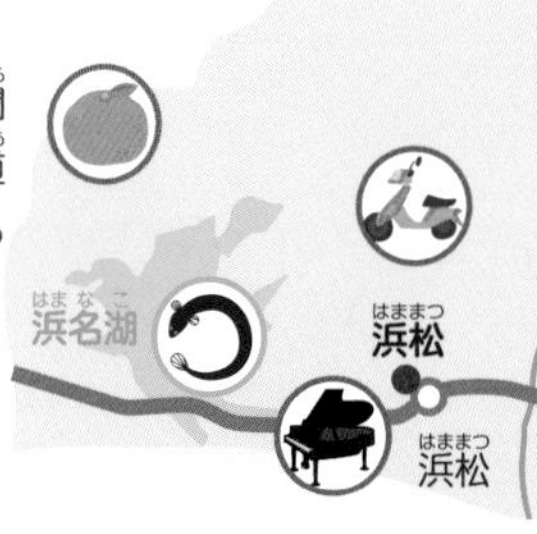

静岡
しずおか

大井川
おおいがわ

天竜川
てんりゅうがわ

焼津
やいづ

東海道新幹線
とうかいどうしんかんせん

はまなこ

はままつ

はままつ

いわた

かけがわ

まきのはら

静岡空港
浜名湖
浜松
磐田
掛川
牧ノ原
浜松

ウナギ

明治時代から浜名湖で始まった
めいじじだい はまなこ はじ
ウナギの養殖。浜名湖周辺は、
ようしょく はまなこしゅうへん
気候や水質などが養殖に
きこう すいしつ ようしょく
適しているよ。
てき

サクラエビ

日本では、春と秋の年
にほん はる あき ねん
2回、駿河湾でのみサ
かい するがわん
クラエビの漁が許され
りょう ゆる
ているよ。

駿河竹千筋細工

丸くけずった竹ひごを使う竹細工で、国の伝統的工芸品。バッグや虫かごなどが作られているよ。

茶

全国の生産量の約40%を占める日本一のお茶どころ！なかでも牧ノ原周辺が最大の産地。

ミカン

静岡県は温暖な気候のため、ミカンの栽培に適しているよ。県西部の「三ケ日ミカン」は有名。

ピアノ

全国のピアノのほぼ100%が静岡県産。日本で初めてピアノが作られたのは、浜松市だよ。

オートバイ

浜松市周辺には、ホンダ、スズキなどオートバイの製造会社の工場が集中しているよ。

プラモデル

全国のプラモデル工場のうち約半数が静岡県にあり、出荷額は全国の約90%！

世界遺産
明治日本の産業革命遺産
製鉄・製鋼、造船、石炭産業
▶150ページ

弥生時代の集落跡
登呂遺跡

太平洋

弥生時代の農耕集落跡で、住居や高床倉庫など、当時の建物が復元されているよ。

愛知県
あいちけん

愛知県の「あ」「い」「ち」の字を組み合わせたもの。

面積	5173㎢
人口	754万人
県の鳥	コノハズク
県の花	カキツバタ
県の木	ハナノキ

工業製品の出荷額日本一！

一宮
県営名古屋空港
濃尾平野
瀬戸
木曽川
東海道新幹線
愛知用水
名古屋
豊田
名古屋港
伊勢湾
明治用水
岡崎
三河安城
中部国際空港
矢作川
西尾
知多半島
三河湾

徳川家康が建てた名古屋城

当時の技術を駆使して建てられたごうかなお城。天守の屋根に乗る金のシャチは、名古屋のシンボルだよ！

多くの渡り鳥が集まる藤前干潟

県西部を流れる川の河口にある干潟。鳥類や、貝・カニなど、合わせて300種以上が年間を通じて見られるよ！

レゴランド®・ジャパン
▶73ページ

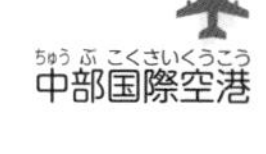

自動車

豊田市には、世界有数の自動車メーカー・トヨタ自動車の本社があるので、周辺に自動車関連工場が集中しているよ。

ヤマトタケルノミコトの剣をまつる熱田神宮

三種の神器[1]のひとつ「草薙神剣」をご神体として、熱田大神などの神様をまつっている神社だよ。

[1] 三種の神器…日本神話にもとづく、天皇のしるしとされる3つの宝物。鏡（八咫鏡）・剣（草薙神剣）・玉（八坂瓊勾玉）。

合戦の舞台となった犬山城

戦国時代の1537年に建てられたお城。天守は現存する日本最古の様式で、国宝に指定されているよ。

瀬戸染付焼

およそ200年の歴史がある焼きもの。瀬戸市周辺で作られる、国の伝統的工芸品だよ。

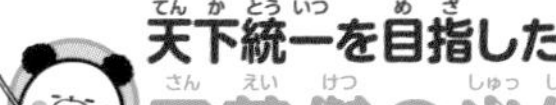

天下統一を目指した三英傑の出生の地！

織田信長、豊臣秀吉、徳川家康は、愛知県出身だよ。県内には、桶狭間の戦い②の舞台など、戦国時代の歴史の跡が多く残っているよ。

1 キク

全国の約30%の生産量を占め、とくに田原市で栽培が盛ん。温室の電灯で開花を調整する「電照菊」という栽培方法で、一年中出荷しているよ。

キャベツ

県内の温暖な地域で栽培。明治用水、豊川用水、愛知用水の農業用水が作られ、農業が盛んになったよ。

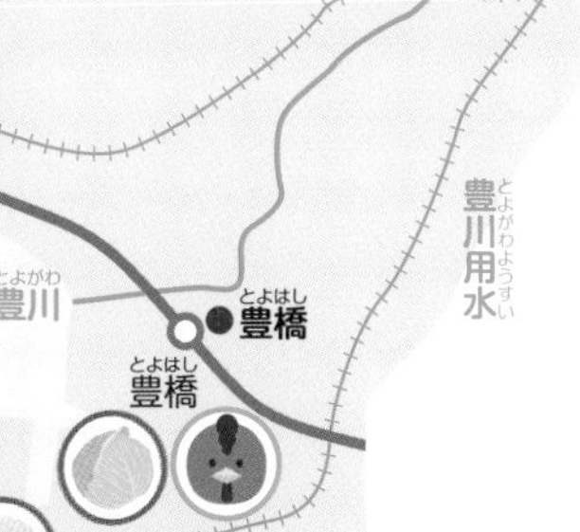

ウナギ

生産量は全国２位。明治時代に養殖が始まり、現在は矢作川下流の西尾市で養殖が盛ん。

肉用鶏（名古屋コーチン）

名古屋コーチンは、愛知県を代表する高級地鶏。「地鶏の王様」ともいわれるよ。

②桶狭間の戦い…1560年に織田信長が今川義元を破った戦い。織田信長が勢力をのばすきっかけとなった。

中部地方のご当地グルメ

山の幸、海の幸を使ったものをはじめ、個性的な料理が大集合！

新潟県

佐渡天然ブリカツ丼

佐渡沖でとれたブリを、いつでもおいしく食べられないかと考えて作られた料理。天然の寒ブリを揚げて、しょうゆだれにくぐらせてからご飯に盛りつけるよ。

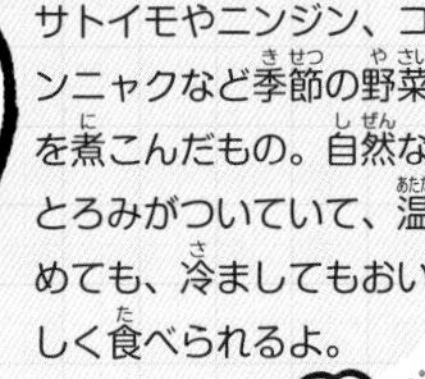

のっぺい汁

サトイモやニンジン、コンニャクなど季節の野菜を煮こんだもの。自然なとろみがついていて、温めても、冷ましてもおいしく食べられるよ。

富山県

マスずし

木製のわっぱという容器を使った押しずし。底に笹を敷き、塩漬けしたマスの切り身をならべて、その上に酢飯を詰めたら、笹を折り曲げて包みこむよ。

ブラックラーメン

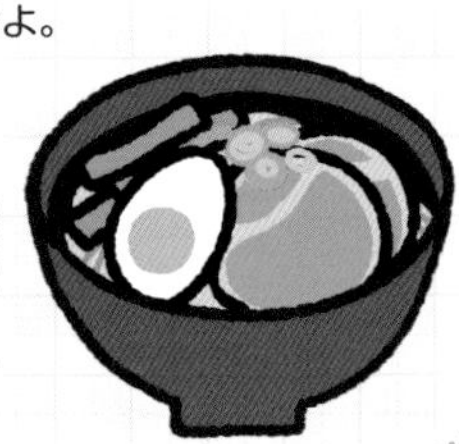

スープの色が黒く、しょうゆの味が濃いのが特徴。もともとは塩分補給のためや、ご飯のおかずとして作られたといわれているよ。

石川県

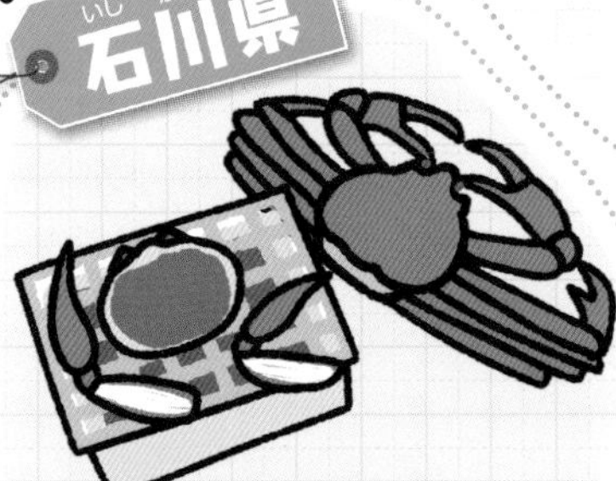

ズワイガニ料理

冬に石川県でとれるオスのズワイガニは「加能ガニ」と呼ばれるブランドガニ。炭火で焼いたりゆでたり、しゃぶしゃぶなどで食べるのが定番だよ。

福井県

ソースカツ丼

福井県でカツ丼といえば、ソースカツ丼が一般的！うすく切った豚肉を揚げて、ソースで味つけしているよ。

山梨県

ほうとう

小麦粉を練って太く切った麺と、カボチャなどの季節の野菜をみそで煮こんだ料理。武田信玄が刀で食材を切ったことから「宝刀」となったという説も。

長野県

おやき

小麦粉などから作った皮で野菜やキノコ、あんなどの具を包んで、焼いたりむしたりしたもの。地域や家庭によって、作りかたや中の具材がちがうよ。

戸隠そば

「ぼっち盛り」と呼ばれる盛りかたで、一口ぶんの量のそばが5束ざるに盛りつけられていることが多いよ。「5」は長野市戸隠に伝わる神様の数という説も。

岐阜県

鶏ちゃん

「鶏ちゃん焼き」とも呼ばれ、みそやしょうゆなどにつけこんで味をつけた鶏肉を、キャベツなどといっしょに焼いて食べるよ。昔は羊の肉を使っていたことも！

静岡県

ウナギのかば焼き

浜名湖周辺では、ウナギの養殖が盛んだよ。ウナギのエキスが入ったおかし、うなぎパイも有名。

富士宮やきそば

富士宮市の名物。弾力のある麺を使い、ラードをしぼったあとに残る肉かすを入れるのが特徴。仕上げにサバやイワシなどのけずり節をかけるよ。

愛知県

手羽先のから揚げ

甘辛いタレにコショウとゴマをかけるスパイシーな味わい。鶏の手羽先を2度揚げするのが特徴で、最初は低温で、2回目は高温でさっと揚げてカラッとさせるよ。

みそ煮こみうどん

愛知県の名産「八丁みそ」で煮こんだうどん。かたくて弾力のない麺の食感が特徴で、アツアツのまま土鍋で食べるよ。

ちびぱんイチオシ

中部地方のお出かけスポット♪

自然に科学に恐竜まで!? 中部地方のわくわく大興奮スポットをご紹介！

新潟県 新潟市

新潟市水族館 マリンピア日本海

➡53ページ

約600種３万もの生きものがいるよ。サンゴ礁や干潟など、日本海にまつわるさまざまな展示も。「体験・学習ゾーン」では、実際にウニやヒトデにさわれるよ！

マリントンネルは、海中散歩をしているみたい！

石川県 金沢市

金沢21世紀美術館

➡57ページ

世界各国から集まった、たくさんの現代アート作品が楽しめるよ。円盤状の建物の見た目から、“まるびぃ”の愛称で親しまれているよ！

わくわくしながら現代アートを鑑賞しよう！

富山県 滑川市

ほたるいかミュージアム

➡55ページ

ホタルイカの発光ショーが行われる「ライブシアター」や、富山湾の生きものとふれあえる「深海不思議の泉」などがあるよ。ホタルイカと富山湾について楽しく学べる！

発光ショーは、青白い光がキレイ！

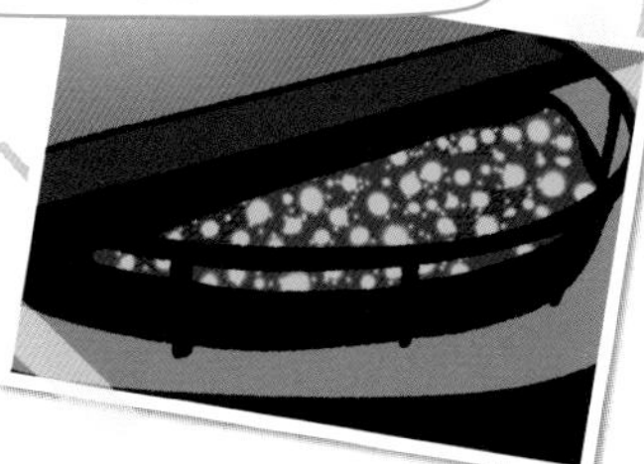

福井県 勝山市

福井県立恐竜博物館

➡59ページ

「恐竜の世界」、「地球の科学」、「生命の歴史」の３つのゾーンに分かれているよ。「恐竜の世界」では、44体の全身骨格が展示されていて、そのうちの10体は実物の骨格なんだって！

動くティラノサウルス……こ、こわい！

山梨県

富士吉田市 富士急ハイランド

➡61ページ

多くの絶叫マシンがあることで有名な遊園地。加速力が世界一のジェットコースターや史上最長・最恐のホラーハウスなど、ハラハラドキドキのアトラクションを楽しめるよ！

「ド・ドドンパ」はほっぺが飛んでいきそうなくらいのスピード！

長野県

白馬村 白馬グリーンスポーツの森

➡62ページ

イカダ遊びやアスレチックなど、自然の中でいろいろな遊びを楽しめる施設。週末には、釣り堀で魚をつったり、ユニークな自転車にのったりもできるよ。バーベキューやキャンプもおすすめ！

テントに泊まって、みんなでおしゃべり！

岐阜県

瑞浪市 (岐阜県先端科学技術体験センター) サイエンスワールド

➡65ページ

“サイエンスワールド”の愛称で親しまれる、体験しながら科学を学べる施設だよ。実験スペース「スペシャルラボ」をはじめ、簡単な実験や工作が楽しめる「サイエンス工房」などがあるよ！

不思議な実験にハカセぱんも興味しんしん！

静岡県

裾野市 富士サファリパーク

➡67ページ

日本最大級のサファリパークで、「サファリゾーン」と、「ふれあいゾーン」に分かれているよ。サファリゾーンでは、世界中から集まった約30種の動物たちを間近で観察できる！

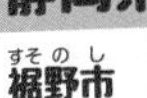

ジャングルバスの金あみごしに動物が迫ってくる～

愛知県

名古屋市 レゴランド®・ジャパン

➡68ページ

レゴブロックの世界を表現したテーマパークだよ。レゴブロックができるまでを見学できるツアーがある「ファクトリー」や、日本の名所をレゴブロックで再現した「ミニランド」など、テーマの異なる8つのエリアに分かれているよ。

入場ゲートもレゴでできてる！

東日本 vs. 西日本

なんでも東西対決！

東日本と西日本のいろんな“ちがい”を紹介するよ！

※おもな傾向を紹介しています。個人差や例外もあります。

さくらもち

西 道明寺

道明寺粉で作ったつぶつぶの生地であんを包むよ。

東 長命寺

小麦粉などを水でといて焼いたうすい生地であんを巻くよ。

おにぎり

西 たわら形

たわら形のおにぎりを味つけのりで巻くよ。

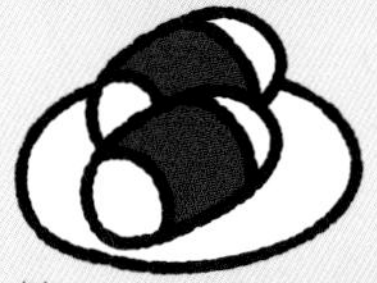

東 三角形

三角形のおにぎりを焼きのりで巻くよ。

電気の周波数

西 東

糸魚川（新潟県）と富士川（静岡県）を結ぶ線を境に分かれているよ。

60Hz

50Hz

※⬭は50Hz、60Hz混在地域。

ポリタンク

灯油を入れるポリタンクの色は、東日本は赤、西日本は青が主流だよ。

赤

青

西　東

肉じゃが

肉じゃがに入れる肉といえば、東日本は豚肉で、西日本は牛肉が主流。ひとり当たりの消費量も、西日本の県は牛肉、東日本の県は豚肉が多いよ！

西　東

牛　豚

食パン

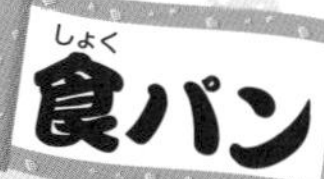

4~5枚切り　6、8枚切り

食パンの切りかた、東日本の主流はうす切りで、西日本は厚切り！

東

畳のサイズ

京間

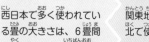

西日本で多く使われている畳の大きさは、6畳間で約10.94㎡。一番大きいサイズだよ。

江戸間

関東地方をはじめ、静岡県以北で使われている畳の大きさは、6畳間で約9.29㎡。京間より小さいよ！

中京間

おもに愛知県、岐阜県、三重県で多く見られるよ。大きさは、6畳間で約9.93㎡。

ひがし

東西でちがう呼びかた一覧

同じ"もの"でも、東と西では呼びかたがちがう!?

西	東
押しピン	がびょう
さし	定規
三角座り	体育座り
蚊にかまれる	蚊にさされる
めばちこ（めいぼ）	ものもらい
カッターシャツ	ワイシャツ

全国なんでもランキング Part3

一番○○好き！な都道府県民トップ3

※ひとり当たり1年間に食べる量。
2018年総務省統計局「家計調査」「小売物価統計調査」をもとに編集部が算出。東京都は区部、他は道府県庁所在地のデータ。

お米をたくさん食べる

1 北海道……444.1杯
2 静岡県……443.7杯
3 青森県……417.9杯

※茶碗1杯65gで計算。

卵をたくさん食べる

1 鳥取県………211.7個
2 和歌山県…207.4個
3 秋田県………207.1個

※1個＝Lサイズ(60g)で計算。

日本人は世界の中でも卵をよく食べる国民なんだ！

食パンをたくさん食べる

1 和歌山県…23.56斤
2 愛知県……22.49斤
3 香川県……22.45斤

※1斤360gで計算。

ビールをたくさん飲む

1 北海道……45.66杯
2 新潟県……42.87杯
3 山口県……42.84杯

※1杯500mLで計算(発泡酒をふくむ)。

ケーキをたくさん食べる

1 高知県………9.83個
2 群馬県………8.03個
3 青森県………7.62個

※イチゴのショートケーキ1切れに換算して計算。

高知県民がダントツ！

マヨネーズをよく使う

1 鹿児島県……2.27本
2 佐賀県………2.20本
2 宮崎県………2.20本

※1本450gとして計算。

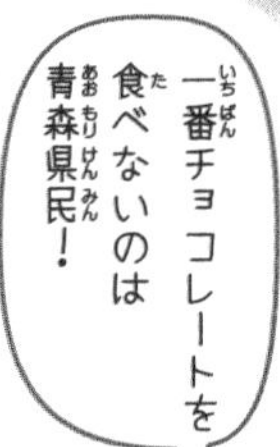

一番チョコレートを食べないのは青森県民！

チョコレートをたくさん食べる

1 愛知県………26.8枚
2 奈良県………26.6枚
3 大分県………25.9枚

※板チョコ1枚に換算して計算。

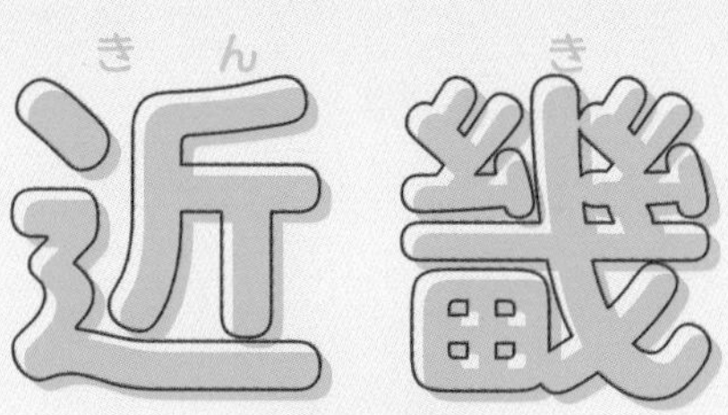

地方

長い間、日本の政治や文化の中心として栄えた地方。歴史的建造物、景観が多く残され、観光客もたくさん訪れるよ。

三重県

三重県の「み」の字と、真珠の養殖をデザイン。

面積	5774㎢
人口	179万人
県の鳥	シロチドリ
県の花	ハナショウブ
県の木	ジングウスギ

イセエビ

漁獲量は日本でトップクラス。6月にはイセエビのみこしが出る「伊勢えび祭」も開催！

真珠

真珠は、アコヤガイという貝の中にできるよ。世界で初めて養殖に成功した志摩半島の英虞湾を中心に、養殖が盛ん。

肉用牛（松阪牛）

松阪市周辺で育てられている黒毛和牛。ストレスの少ない環境で肥育しているよ。高級な和牛として、全国的に有名。

伊賀忍者のふるさと

伊賀市

伊賀市は、徳川家に仕えた伊賀忍者の里であり、俳人・松尾芭蕉が生まれた俳句の町でもあるよ。

日本の神社の総本社

伊勢神宮

三種の神器[1]のひとつ「八咫鏡」を神体とし、天照大御神をまつる神社。江戸時代、庶民が気軽にお参りできるようになると、全国から多くの参拝者が訪れたよ。

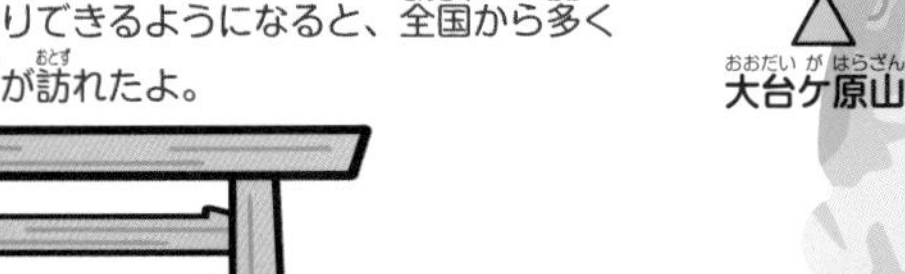

世界遺産 紀伊山地の霊場と参詣道

▶152ページ

[1] 三種の神器➡68ページ　[2] コンビナート…原料、燃料、製品などで関係が深い工場が結びついて、総合的に生産している工場群

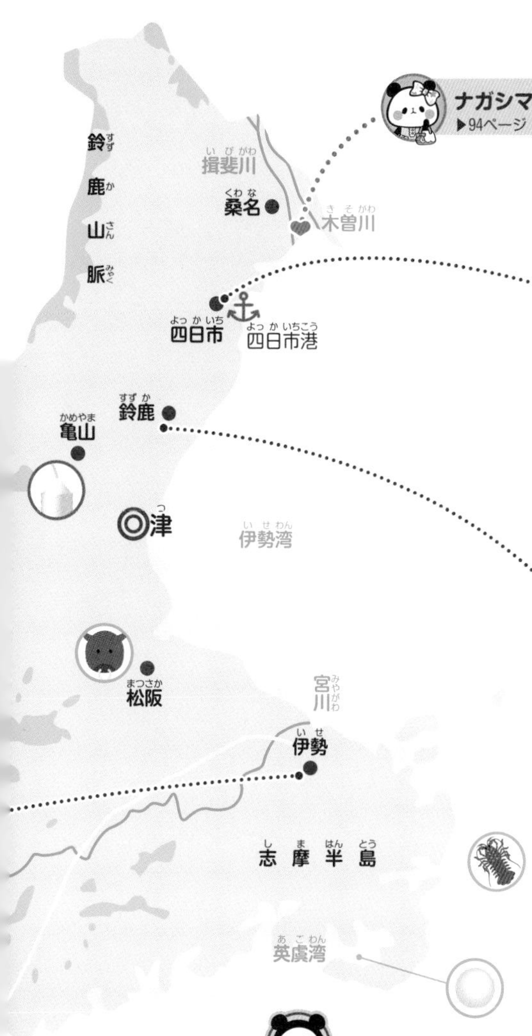

ナガシマスパーランド
▶94ページ

鈴鹿山脈
揖斐川
桑名
木曽川
四日市
四日市港
鈴鹿
亀山
津
伊勢湾
松阪
宮川
伊勢
志摩半島
英虞湾
太平洋

海沿いに大きな石油化学コンビナート ②
四日市市

中京工業地帯にあり、多くの石油化学工場が集まる四日市市では、1960年代、四日市ぜんそくという公害病が発生。それ以降、環境を守る取り組みが進められてきたよ。

いろいろな国からF1レーサーがやってくる！
鈴鹿サーキット

1962年にできた、日本初の国際レーシングコース。全長5807mの日本最長の4輪コースは、世界的にも難しいコースのひとつ！

四日市萬古焼

江戸時代から始まった陶磁器で、国の伝統的工芸品。萬古焼のなかでも、土鍋の生産量は、四日市市が日本一だよ！

アワビやサザエをとる
海女漁

志摩半島周辺では、古くから素もぐりでアワビやサザエをとる海女漁が盛ん。今でも多くの海女が活躍中だよ！

1 ローソク

全国の60%以上を生産し、とくに亀山市で盛んだよ。

滋賀県

滋賀県の「シ」「ガ」の字をデザインしたもの。

面積	4017㎢
人口	141万人
県の鳥	カイツブリ
県の花	シャクナゲ
県の木	モミジ

日本一大きな湖の琵琶湖があるよ。面積は県の約６分の１！

ボイセンベリー

木いちごの一種。とくに高島市安曇川町で栽培されるものは「アドベリー」と呼ばれ、希少だよ。

滋賀県立琵琶湖博物館

▶94ページ

世界遺産 古都京都の文化財（京都市、宇治市、大津市）

▶152ページ

比叡山延暦寺

滋賀県と京都府の境にある比叡山にあるお寺で、山全体が境内だよ。今から1200年前に最澄によって開かれた天台宗の総本山。

『源氏物語』誕生の地

石山寺

平安時代の女流文学にゆかりのある場所。紫式部が『源氏物語』を書きはじめたのも、石山寺と伝えられているよ。

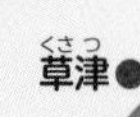

高島

比叡山

大津

草津

瀬田川

信楽焼

タヌキの置きもので有名な信楽焼は、甲賀市信楽町周辺で作られているよ。タヌキは「他抜き」で、商売繁盛の縁起物！　国の伝統的工芸品にも指定。

📖古代湖…およそ10万年以上存続している湖。

琵琶湖

世界でも有数の古代湖📖。環境保全が進められていて、琵琶湖の生態系を守るための琵琶湖保全再生法が定められたよ。

1 はかり

滋賀県は、西日本有数の工業県だよ。はかりの部分品、取り付け具などの製造が盛んだよ。

余呉湖
伊吹山地
伊吹山
長浜
米原
琵琶湖
彦根
盆地
東海道新幹線
東近江
鈴鹿山脈

保存状態のよい貴重な城跡！

彦根城

彦根藩主の井伊氏の居城だったお城。江戸時代当時の天守が今も残り、国宝に指定されているよ。

織田信長が天下統一を目指した拠点

安土城跡

1579年、織田信長が琵琶湖のほとりに築いたお城の跡。現在は、石垣などが残っているよ。

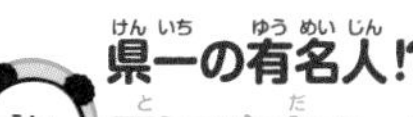

飛び出し坊や

飛び出し事故防止のために作られた看板。県内の通学路などに設置されていて、滋賀県は設置率が日本一！

肉用牛（近江牛）

「近江牛」は、400年以上の歴史があるよ。滋賀県では、地鶏の「近江しゃも」も有名で、畜産業が盛んだよ。

京都府

京都府の「京」の字と六葉形をデザインしたもの。

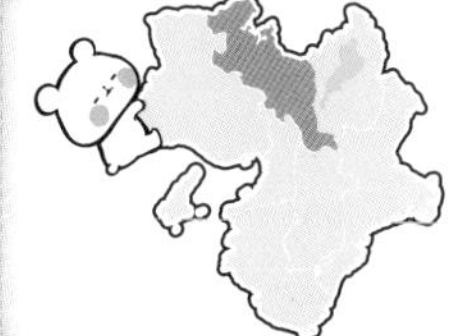

面積	4612㎢
人口	259万人
府の鳥	オオミズナギドリ
府の花	シダレザクラ
府の木	キタヤマスギ

「千年の都」京都！
日本を代表する観光都市だよ！

日本海

丹後山地

日本三景📖のひとつ

天橋立

阿蘇海と宮津湾を分けるように細長く続く、約5000本の松が生いしげる砂州。股のぞきをすると、天に橋がかかったように見えるのが名前の由来だよ。

西陣織

京都には国の伝統的工芸品が多いよ。なかでも西陣織は、日本を代表する高級織物だよ。

京野菜

「聖護院かぶ」や「賀茂なす」など、京野菜と呼ばれるいろいろな野菜の栽培が盛ん。

茶

鎌倉時代に栽培が始まったといわれるよ。宇治市周辺で作られる「宇治茶」は高級品。

京都の夏の風物詩

五山の送り火

8月16日、京都市にある5つの山に文字の形などをした送り火がともされる。先祖の霊を送る意味があるよ。

約1万の鳥居がならぶ

伏見稲荷大社

全国に3万社あるといわれる稲荷神社の総本宮。稲荷山の参道に続く、朱塗りの「千本鳥居」が見どころだよ！

📖日本三景➡18ページ

世界遺産 古都京都の文化財（京都市、宇治市、大津市）
▶152ページ

平等院

平安時代に藤原頼通によって開かれたよ。国宝の鳳凰堂（阿弥陀堂）は、十円硬貨にデザインされているよ。

金閣

室町幕府の３代将軍・足利義満が建てた別荘。義満の死後、「鹿苑寺」になったよ。1950年に焼失後、1955年に再建。

清水寺

奈良時代に建てられたお寺。高い崖にせりだした「清水の舞台」から、景色を見ることで有名だよ！

半島

宮津湾

舞鶴湾

舞鶴

知山盆地

丹波高地

京都一のパワースポット!?

鞍馬山

能の演目で、鞍馬天狗が住むとされる山。鎌倉幕府を開いた源頼朝の弟・義経（牛若丸）が修行したといわれる場所だよ。

鞍馬山

比叡山

かつて平安京が置かれた

京都盆地

京都府南部にある、北、東、西の三方を山で囲まれた盆地。794年に平安京が置かれた場所だよ。

京都

亀岡

京都

長岡京

宇治

東海道新幹線

宇治川

京都盆地

祇園祭
▶149ページ

東映太秦映画村
▶94ページ

大阪府
おおさかふ

「O」で豊臣秀吉の千成びょうたんを表した。

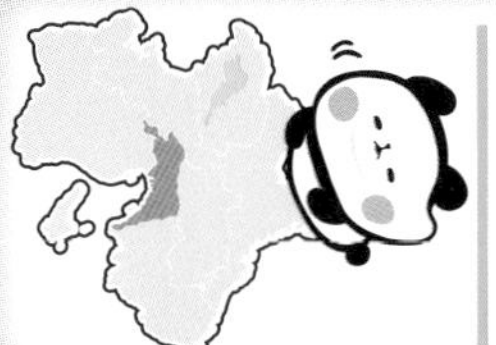

面積	1905km²
人口	881万人
府の鳥	モズ
府の花	サクラソウ、ウメ
府の木	イチョウ

日本で2番目に面積がせまい！お笑いが大好きな地域！

水ナス（泉州水ナス）

泉佐野市や岸和田市などの泉州地域の伝統野菜。水分量が多く、浅漬けなどが人気だよ。

シュンギク

府南部では近郊農業[1]が行われ、栽培が盛ん。関西では、「菊菜」と呼ばれる野菜だよ。

堺打刃物

堺市で約600年続く、鉄や鋼を金づちで打つなどして作る刃物で、国の伝統的工芸品。たたく、とぐなど、工程ごとに職人がいるよ！

大阪のエッフェル塔!?

通天閣

高さ108mの展望塔で、人気観光スポット。展望台には、幸運の神様・ビリケンさんの像も。てっぺんのネオンの色は、翌日の天気を表すよ。

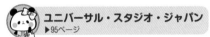

ユニバーサル・スタジオ・ジャパン
▶95ページ

海遊館
▶95ページ

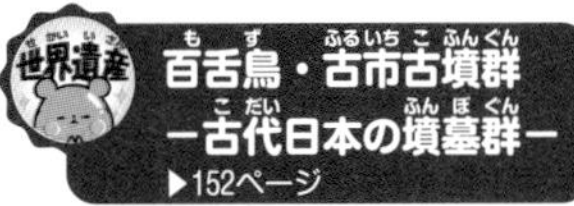

世界遺産 百舌鳥・古市古墳群 ー古代日本の墳墓群ー
▶152ページ

大阪は今も昔も

食いだおれの町

江戸時代、全国から米や特産品が集まることから「天下の台所」といわれた大坂[2]。食べることに熱心な人が多く、現在でも日本屈指の食の町だよ！

大阪湾

関西国際空港

泉佐野

岸

[1] 近郊農業…大都市の近くで行われる農業。大都市に向けた農産物が作られ、新鮮なうちに出荷できる。 [2] 大坂…大阪の昔の

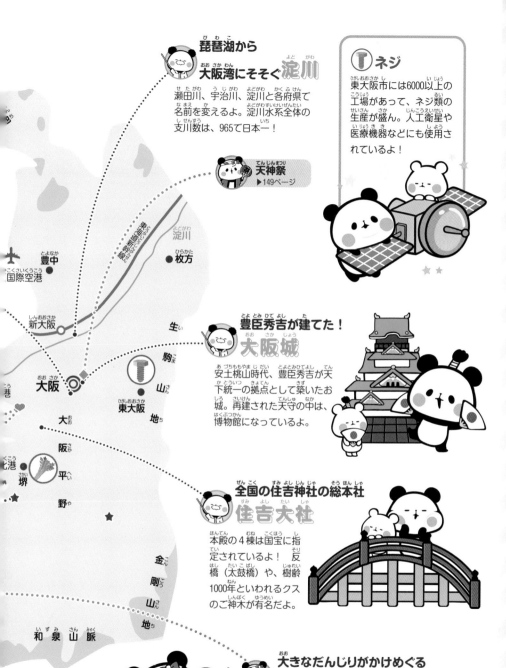

琵琶湖から大阪湾にそそぐ淀川

瀬田川、宇治川、淀川と各府県で名前を変えるよ。淀川水系全体の支川数は、965で日本一！

ネジ

東大阪市には6000以上の工場があって、ネジ類の生産が盛ん。人工衛星や医療機器などにも使用されているよ！

天神祭
▶149ページ

東海道新幹線
淀川
豊中
枚方
国際空港
新大阪
大阪
東大阪
生駒山地
大阪平野
堺
金剛山地
和泉山脈

豊臣秀吉が建てた！大阪城

安土桃山時代、豊臣秀吉が天下統一の拠点として築いたお城。再建された天守の中は、博物館になっているよ。

全国の住吉神社の総本社 住吉大社

本殿の４棟は国宝に指定されているよ！ 反橋（太鼓橋）や、樹齢1000年といわれるクスのご神木が有名だよ。

大きなだんじりがかけめぐる 岸和田だんじり祭

9月と10月に岸和田市で行われる300年以上続くお祭り。高さ約4m、重さ4ｔ超のだんじり（山車）が街角を直角に曲がる「やりまわし」は大迫力！

明治時代になって、「大阪」となった。

兵庫県

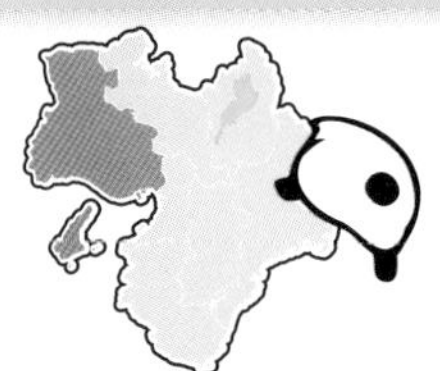

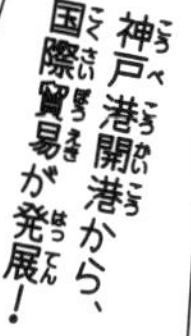

兵庫県の「兵」の字をもとにデザインしたもの。

面積	8401㎢
人口	548万人
県の鳥	コウノトリ
県の花	ノジギク
県の木	クスノキ

神戸港開港から、国際貿易が発展！

タマネギ

淡路島では、温暖で雨が少ない気候をいかして、タマネギ栽培が盛ん。キャベツやレタスも作られているよ。

世界遺産 姫路城
▶152ページ

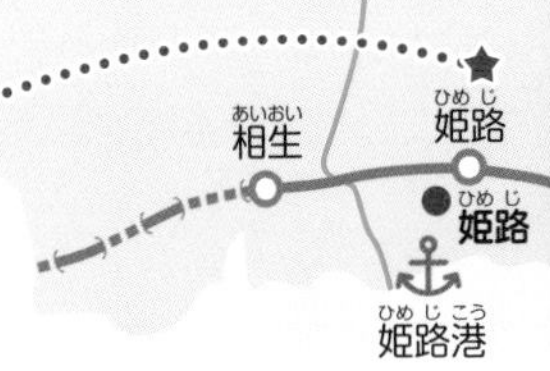

明石市を通る 日本標準時子午線

日本の時刻は、東経135度の日本標準時子午線[1]が基準。本初子午線[2]上の時刻・世界標準時より9時間早いよ。

世界一長いつり橋！ 明石海峡大橋

明石海峡にかかる全長3911mの橋で、神戸市と淡路島を結ぶ。つり橋の塔と塔の間は1991mもあるよ！

[1] 標準時子午線…国の時刻を決める、基準となる経線。 [2] 本初子午線…世界中の経度と時刻の基準となる経度0度の経線。イギ

絶滅寸前のコウノトリを保護

豊岡市の兵庫県立コウノトリの郷公園では、特別天然記念物[3]のコウノトリを保護・人工飼育して、野生にもどす活動をしているよ。

1 イカナゴ

瀬戸内海、大阪湾が産地。甘辛く煮た「イカナゴのくぎ煮」は、兵庫県の郷土料理。

肉用牛（但馬牛）

県北部で育てられているよ。「松阪牛」や「近江牛」といったブランド和牛のルーツだよ。

幻想的な景色！竹田城跡

古城山山頂に築かれた竹田城。朝霧の中に浮かびあがる姿から「天空の城」と呼ばれているよ。

播州そろばん

小野市を中心に作られるそろばんで、国の伝統的工芸品。安土桃山時代に、滋賀県の大津のそろばん作りが小野市に伝わったよ。

高校球児の夢の舞台 阪神甲子園球場

西宮市にある、春と夏に全国高校野球選手権大会が行われる野球場！ プロ野球チーム・阪神タイガースの本拠地でもあるよ。

出荷量日本一！清酒

神戸市や西宮市周辺の地域は「灘五郷」と呼ばれ、古くから酒造りが盛ん。たくさんの酒蔵が集まっているよ。

豊岡

篠山盆地

平野

小野

六甲山

大阪国際空港

新神戸

西宮

尼崎

神戸

明石

神戸港

神戸空港

石海峡

大阪湾

東経135度

明石市立天文科学館

▶95ページ

日本を代表する貿易港 神戸港

西日本最大の国際貿易港。神戸港周辺の地域は、異国情緒あふれる街なみが広がっているよ。

の首都・ロンドンにある旧グリニッジ天文台を通る子午線。 [3] 天然記念物➡11ページ

奈良県

奈良県の「ナ」の字をデザインしたもの。

面積	3691㎢
人口	134万人
県の鳥	コマドリ
県の花	ナラノヤエザクラ
県の木	スギ

かつて都として栄え、文化財がたくさん残っているよ！

高山茶筌

生駒市高山町は「竹の里」と呼ばれ、室町時代から茶せん作りが受けつがれているよ。国の伝統的工芸品にも指定。

世界遺産 法隆寺地域の仏教建造物

▶152ページ

法隆寺

斑鳩町にある聖徳太子が建てたお寺で、現存する世界最古の木造建築。1993年に、兵庫県の姫路城と同時に日本で初めて世界遺産に登録されたよ。

1 くつ下

全国の約50%の生産量。とくに、広陵町は「くつ下の町」と呼ばれるほど生産が盛ん。

1 野球グラブ

三宅町では大正時代から生産を開始。現在では、特別注文品の製造が増加しているよ。

日本最大級の方墳 石舞台古墳

明日香村にある横穴式古墳で、盛土がまったく残っておらず、石室📖が、むきだしになっているよ。石室は、30個以上の巨大な石を積みあげて造られていて、石の総重量は、推定で2300 t だよ！

キンギョ

大和郡山市では、キンギョの養殖が盛ん。江戸時代末期に、武士が副業として始めたよ。

📖石室…遺体をおさめたひつぎが置かれた部屋。

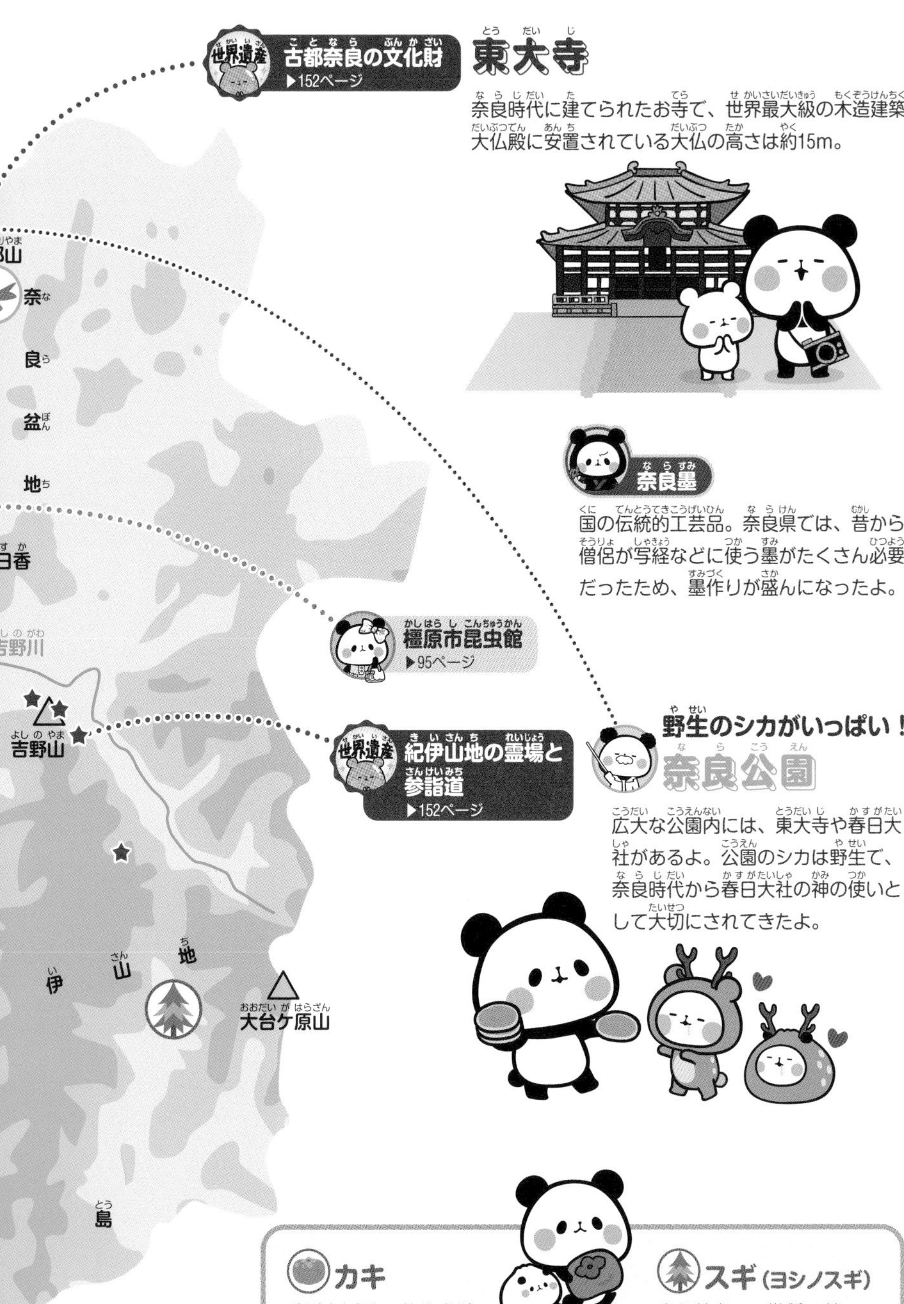

世界遺産 古都奈良の文化財
▶152ページ

東大寺

奈良時代に建てられたお寺で、世界最大級の木造建築。大仏殿に安置されている大仏の高さは約15m。

奈良墨

国の伝統的工芸品。奈良県では、昔から僧侶が写経などに使う墨がたくさん必要だったため、墨作りが盛んになったよ。

橿原市昆虫館
▶95ページ

世界遺産 紀伊山地の霊場と参詣道
▶152ページ

野生のシカがいっぱい！

奈良公園

広大な公園内には、東大寺や春日大社があるよ。公園のシカは野生で、奈良時代から春日大社の神の使いとして大切にされてきたよ。

カキ

五條市周辺の吉野地方が、一大産地。柿の葉ずし（➡93ページ）は、吉野地方の特産品だよ。

スギ（ヨシノスギ）

紀伊山地では林業が盛ん。大阪城（➡85ページ）の城郭にも、曲がりが少ない「ヨシノスギ」が使われたよ。

和歌山県
わかやまけん

和歌山県の「ワ」の字をデザインしたもの。

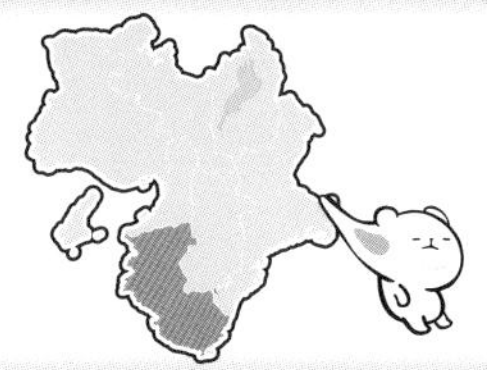

面積	4725㎢
人口	93万人
県の鳥	メジロ
県の花	ウメ
県の木	ウバメガシ

温暖な気候でくだもの作りが盛ん！

1位

ウメ

全国の60%以上の生産量！「南高梅」という品種が有名で、ウメボシも特産品だよ。

カキ

紀ノ川上流はカキ栽培に適した土地。秋から冬にかけて、いろんな品種が出荷されるよ。

ミカン

「有田ミカン」、「紀南ミカン」などの栽培が盛ん。とくに有田市は、室町時代から続く産地だよ。

紀州たんす

和歌山県では古くから木工が盛ん。桐の「紀州たんす」は、金属のくぎを使わずに板を組み合わせて作られるよ。国の伝統的工芸品にも指定。

紀州備長炭

紀伊国の商人・備中屋長左衛門がウバメガシを材料に作ったのが始まりともいわれる。煙が少ないのが特徴。

岩出　紀の川

真っ白な砂浜が続く
白浜（南紀白浜）

名前の由来にもなった全長620mの白砂の浜が有名で、観光客に大人気。歴史ある温泉地でもあるよ。

白浜

南紀白浜空港

アドベンチャーワールド
▶95ページ

📖飛地…都道府県や市町村などの行政区が、別の行政区内に離れて存在する地域。新宮市の一部と北山村が、和歌山県なのに奈良

マグロ

勝浦港は、遠洋漁業の基地でマグロの漁獲量が多いよ。クロマグロ、メバチマグロなどが水揚げされるよ。

1 蚊取り線香

有田市が蚊取り線香の発祥の地。最初は棒状だったけど、長時間使えるようにと今の形になったよ。

世界遺産 紀伊山地の霊場と参詣道

▶152 ページ

高野山金剛峯寺

平安時代に、空海が開いた山で、高野山真言宗の総本山。高野山には、金剛峯寺を中心に、100以上の寺院があるよ。

那智大滝（一の滝）

滝つぼまでの落差は133mで、高さも水量も日本一。古くから人々の信仰を集めてきた、神聖な場所だよ。

日本の捕げい発祥の地のお祭り

太地浦くじら祭

毎年11月に太地町で行われるお祭り。約400年前から受けつがれる「くじら踊り」や「くじら太鼓」などが披露されるよ！

三重県に囲まれた場所にある。

いろいろな産業が発展している近畿地方は、料理も多種多様！

伊勢うどん

やわらかいうどんが特徴で、黒くて濃厚なつゆを麺にからめて食べるよ。伊勢神宮への参拝客に向けて出されたのが始まりだよ。

四日市とんてき

ウスターソースなどで厚切りの豚肉をソテーにして食べるよ。ニンニクをそえるのが定番で、スタミナばつぐん！

滋賀県

フナずし

琵琶湖でとれるフナを塩漬けにし、ご飯といっしょに漬けて作る発酵食品。強烈なにおいが特徴で、そのまま食べたり、お茶漬けにしたりするよ。

じゅんじゅん

魚や牛肉、鶏肉などをすき焼き風に味つけした鍋料理。丁字ふや赤こんにゃくなど、地元の食材もたくさん使われているよ。

京都府

湯豆腐

コンブを入れた湯で煮た豆腐を、つけダレと薬味で食べるよ。湯豆腐は京都で生まれたもので、僧侶の精進料理だったんだよ。

にしんそば

かけそばの上に、ニシンの甘露煮をのせたもの。薄口しょうゆとコンブなどを使ったあっさりとしたつゆが特徴で、京野菜のひとつの「九条ねぎ」をきざんでのせたりするよ。

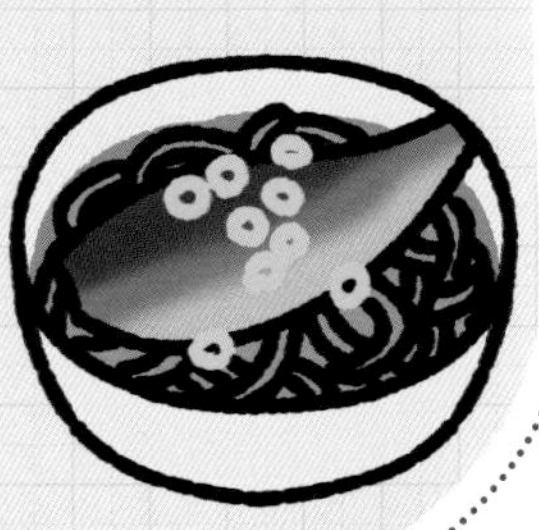

大阪府

タコ焼き

大阪府の代表的な粉ものといえばこれ！　府内には、タコ焼き器がある家も多いよ。

串カツ

肉や魚、野菜などさまざまなものを串にさして、衣をつけて揚げて食べるよ。ソースは二度づけ禁止！　最近は関東地方などにも専門店が増えているよ。

兵庫県

明石焼き

卵や小麦粉などから作った生地にタコを入れて焼いたもの。フワトロな食感が特徴だよ。温めただしにつけて食べるのが定番。

そばめし

焼きそばとご飯を鉄板でいためた料理だよ。焼きそばは細かくきざんで、味つけはソースが定番。具のバリエーションはいろいろだよ。

奈良県

柿の葉ずし

サバやサケ、タイなどを一口大の酢飯にのせて、柿の葉で包んだ押しずしだよ。柿の葉は抗菌効果があるから、包むことによって数日間保存も可能になるよ。

葛きり

葛粉を水で溶いて加熱して固め、細く切ったもの。つるんとした食感の葛きりは、和スイーツとしても人気で、きなこや黒みつをかけて食べるよ。

和歌山県

めはりずし

にぎり飯を、漬けこんだ高菜で巻いたシンプルな料理。昔から、農作業や山仕事のお弁当になっていたよ。日本最古のファストフードともいわれているよ！

高野豆腐

豆腐を凍らせたあとに、低温で熟成させて乾燥させたもの。水などで戻し、だしで味をつけて食べるよ。保存食としても大活躍！

ちびぱんイチオシ

近畿地方のお出かけスポット♪

感動＆絶叫体験いっぱい！　近畿地方のおすすめスポットを紹介するで～！

三重県 桑名市

ナガシマスパーランド

➡79ページ

たくさんの絶叫マシンやプールなどがあるよ。ドキドキのジェットコースターや、のんびり景色をながめられる大観覧車が有名。夏にオープンするジャンボ海水プールは、世界最大級のウォーターパークだよ。

フライングコースター「アクロバット」は大空を飛んでいるみたい！

滋賀県 草津市

滋賀県立琵琶湖博物館

➡80ページ

日本最大の湖・琵琶湖を体感し、学ぶことができるよ。琵琶湖に生息する固有の魚はもちろん、国内外の淡水魚もたくさん展示されているよ。琵琶湖の主・ビワコオオナマズも目の前で見られる！

トンネル水槽は、琵琶湖の底にいるような気分になれる！

京都府 京都市

東映太秦映画村

➡83ページ

体験型のテーマパークだよ。からくり忍者屋敷や立体迷路などのアトラクション、忍者ショーなどが楽しめるよ！　実際にドラマや映画の撮影に使われている時代劇のセットを、見学することができるよ！

江戸時代の姿に変身！このもちどころが目に入らぬか～

大阪府　大阪市　ユニバーサル・スタジオ・ジャパン

➡85ページ

ハリウッド映画をテーマにしたアトラクションや、キャラクターたちのショーが人気のテーマパーク。恐竜たちがおそってくる「ジュラシック・パーク・ザ・ライド」や、巨大なサメが迫ってくる「ジョーズ」など、映画の世界に飛びこんだような気分が楽しめるよ！

まずは入り口の地球儀の前でハイポーズ！

大阪府　大阪市　海遊館

➡85ページ

水族館では世界最大級。太平洋を再現した巨大な水槽をはじめ、14の水槽で太平洋を取りまく地域を表しているよ。海遊館のシンボルであるジンベエザメやエイなどが泳ぐ姿は必見！

ジンベエザメの口、でっかーい！

兵庫県　明石市　明石市立天文科学館

➡87ページ

60年以上前に開館した歴史ある科学館。日本標準時子午線上には塔時計があるよ。大きな天体望遠鏡で星を観察できる「天体観測室」や、幻想的な「プラネタリウムドーム」など、夜空を楽しめる施設がいっぱい！

きらめく星に大感動！

奈良県　橿原市　橿原市昆虫館

➡89ページ

見て、聞いて、さわって、感じることができる昆虫館だよ。1000点を超える昆虫や化石の標本を展示している「標本展示室」や、生きた昆虫たちが観察できる「生態展示室」などがあるよ！

温室にきれいな蝶がいっぱいいるよ！

和歌山県　白浜町　アドベンチャーワールド

➡90ページ

動物園、水族館、遊園地が一体となっているよ。陸の動物たちと出合える「サファリワールド」や、イルカのショーが楽しめる「マリンウェーブ」、アトラクションを楽しめる「プレイゾーン」などがあるよ！

仲よしなパンダの家族に会えるよ！

全国なんでもランキング Part4

いろんなものの数トップ3

※人口10万人当たりの数。

コンビニが多い

1 北海道……57.12軒
2 山梨県……56.64軒
3 東京都……51.51軒

(2018年)
※経済産業省「2018年商業動態統計年報」より

映画館が多い

1 石川県……0.787館
1 大分県……0.787館
3 長野県……0.775館

(2018年)
※『映画年鑑』別冊「映画館名簿」より

高知県は
ひとり当たりの
年間医療費も
全国1位（2017年）

病院が多い

1 高知県……17.8軒
2 鹿児島県……14.9軒
3 徳島県……14.8軒

(2018年)
※厚生労働省「医療施設調査」より

寺院が多い

1 滋賀県……227軒
2 福井県……217軒
3 島根県……192軒

(2019年)
※文部科学省「平成30年度宗教統計調査」より

自然公園が多い

1 高知県……3.12か所
2 島根県……2.06か所
3 和歌山県……1.60か所

(2019年)
※環境省「自然公園都道府県別面積総括」より

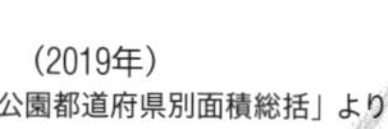

スーパーマーケットが多い

1 山形県……7.4店
2 滋賀県……6.7店
3 宮城県……6.6店

(2018年)
※経済産業省「2018年商業動態統計年報」より

和歌山県内で
18年続いた人気テレビ番組
「カラオケ道場」の影響で、
和歌山県民はカラオケ
好きが多いよ！

カラオケ店が多い

1 和歌山県……13.1軒
2 熊本県……9.9軒
3 鹿児島県……9.7軒

(2014年)
※経済統計局「経済センサス - 基礎調査(2014年度)」より

中国・四国
地方　地方

中国山地の北側、瀬戸内海に面した地域、四国山地の南側という3つの地域に分かれ、気候や文化が大きく異なるよ。

鳥取県
とっとりけん

飛ぶ鳥の姿を鳥取県の「と」の字にデザイン。

面積	3507k㎡
人口	56万人
県の鳥	オシドリ
県の花	二十世紀ナシの花
県の木	ダイセンキャラボク

東西に細長い県で、日本一有名な砂丘があるよ！

▶110ページ

日本海

米子

北

日本一屈指の漁獲量をほこる 境港

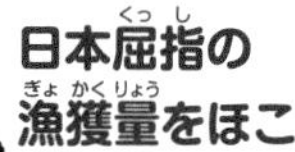

日本海側でもっとも漁獲量が多い港。ズワイガニのほかにも、クロマグロ、アジ、サバなどが水揚げされるよ。

鬼太郎列車が走る 妖怪の町!?

境港市はマンガ『ゲゲゲの鬼太郎』の作者・水木しげるさんのふるさと。市内には、妖怪神社や河童の泉などがあるよ！

中国地方で一番高い山 大山

標高1729m。西側から見ると富士山に似ているため「伯耆富士」とも呼ばれる、美しく雄大な山だよ。

美しい海岸線が見どころ 弓ヶ浜

弓ヶ浜半島の東側にある、白砂の美しい海岸。弓のように弧をえがく形だよ。

ズワイガニ

日本海側ではズワイガニやタラバガニなど、カニ漁が盛ん。ズワイガニのオスは、「松葉ガニ」と呼ばれ、冬の味覚の代表格だよ！

日本一危険!?な国宝 三徳山三佛寺投入堂

標高約900mの三徳山にある三佛寺のお堂。険しい登山道を登らないと投入堂へ参拝できないよ！

白い砂浜が続く 白兎海岸

日本神話「因幡の白兎」の舞台となった海岸。海岸近くには、神話に登場する白兎をまつる白兎神社があるよ。

日本有数の砂丘 鳥取砂丘

日本海沿いに東西約16km、南北約2kmにわたって広がる海岸砂丘。ラクダに乗る体験もできるよ。

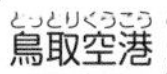

鳥取空港
千代川
鳥取
鳥取平野
東郷池
中国山地
氷ノ山

因州和紙

平安時代には朝廷に献上されたという記録も残る、歴史ある和紙で、国の伝統的工芸品。書道用和紙としては生産量日本一だよ。

お盆に行われる伝統芸能 因幡の傘踊り

100個の鈴をつけた色とりどりの傘を回しながらおどるよ。江戸時代、雨が降らず、水不足になったときに傘を回して雨ごいをしたのが始まりだよ。

ラッキョウ

乾燥に強いラッキョウは、砂地での栽培に適しているため、鳥取砂丘周辺が一大産地になったよ。

日本ナシ

「二十世紀ナシ」は千葉県で生まれた品種だけど、今では鳥取県の代表的な特産品に！

スイカ

北栄町や倉吉市で栽培が盛ん。県内はスイカの交配時期（5月）の天候がよく、栽培に適しているよ。

島根県

円形の「マ」を4つ組み合わせた（シマと読む）。

面積	6708㎢
人口	68万人
県の鳥	ハクチョウ
県の花	ボタン
県の木	クロマツ

たくさんの神話や伝説が残っているよ！

全国から神様が集まる！出雲大社

縁結びの神・大国主大神をまつる神社。旧暦の10月に、全国から八百万の神々が集まるよ。そのため、この月のことを、出雲以外では「神無月」、神様が集まる出雲では「神在月」というよ。

1 ボタン

松江市八束町が日本一の産地。さまざまな品種が栽培され、海外にも輸出されているよ。

ブドウ

出雲市や益田市など、海沿いの地域で栽培が盛ん。さまざまな品種が作られているよ。

仁摩サンドミュージアム

▶110ページ

世界遺産 石見銀山遺跡とその文化的景観

▶153ページ

江の川

浜田

浜田港

中

益田

石見空港

太鼓や笛に合わせて舞う 石見神楽

神楽とは、神様をまつる歌や舞のこと。石見神楽は、民衆の娯楽として演劇化された伝統芸能だよ。

1 汽水湖…淡水（ほとんど塩分をふくまない水）の中に海水が混ざった湖沼。 2 承久の乱…1221年、後鳥羽上皇が鎌倉幕府を

隠岐諸島

島後

竹島

島前

隠岐空港

雄大な自然景観をほこる 隠岐諸島

島根半島から50kmほど北にある、約180の島々。かつて、承久の乱[2]で隠岐に流された後鳥羽上皇のために始まったとされる「牛突き」は、今も伝統行事として残っているよ。

日本海につながる汽水湖[1] 中海

日本で5番目に大きい湖。毎年数万羽のガンやカモなどがやってくる、国内最大級の渡り鳥の越冬地。

日本海

島根半島　松江

宍道湖

中海

出雲空港

安来

出雲

瓶山

奥出雲

地

民謡の安来節に合わせておどる どじょうすくい

「あら、えっさっさ～」のかけ声とともに始まる、小川でどじょうをすくう様子を表現したコミカルなおどりだよ。

サクラの名所としても人気！ 松江城

江戸時代初期に建てられたお城。天守と、お城を取り囲む堀は、当時のまま残っているよ。

雲州そろばん

奥出雲町でとくに生産が盛ん。地元のツゲやカバなどを使って作る、国の伝統的工芸品だよ。

大量の青銅器が出土！ 荒神谷遺跡、加茂岩倉遺跡

荒神谷遺跡からは358本の銅剣などが、加茂岩倉遺跡からは39個の銅鐸が出土。どちらも弥生時代の遺跡で、日本最多の出土数だよ。

1 シジミ

宍道湖は日本有数のシジミの産地。島根県は全国の漁獲量の約40%を占めているよ。

そうとして起こした戦い。

岡山県

岡山県の「岡」の字を円形にデザインしたもの。

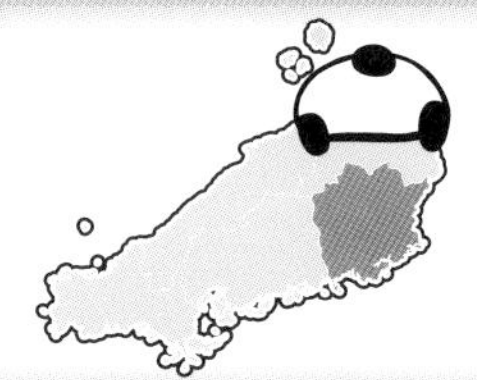

面積	7114㎢
人口	190万人
県の鳥	キジ
県の花	モモの花
県の木	アカマツ

「晴れの国」岡山県には、桃太郎伝説があるよ！

学生服

倉敷市児島地区は「せんいのまち」とも呼ばれるよ。江戸時代から綿の生産が盛んで、大正時代になると学生服を作るようになったよ。

中国山地

吉備高原

高梁川

江戸時代の街なみが残る 倉敷美観地区

江戸時代の商人の家や、明治時代の洋館など、歴史ある建物が残っているよ。倉敷川に沿って白壁の土蔵が立ちならぶ姿は美しい！

新倉敷

山陽新幹線

笠岡

瀬戸内工業地域にある 水島コンビナート

倉敷市沿岸部にある水島地区は、大きな石油化学コンビナートや製鉄所、自動車工場が集まる一大工業地域だよ。

笠岡市立カブトガニ博物館

▶110ページ

瀬戸内海

日本でもっとも大きな内海 瀬戸内海

本州、四国、九州に囲まれ、太平洋や日本海とも続いている瀬戸内海。約700もの島々があるよ。

コンビナート➡78ページ

鬼ノ城、吉備津神社は桃太郎伝説ゆかりの地

岡山県には、桃太郎のモデルとされる大吉備津彦大神をまつる吉備津神社や、鬼ノ城という山城があるよ。

マスカット

マスカット・オブ・アレキサンドリアの栽培が盛ん。岡山県は温暖で雨が少ない気候のため、マスカット作りに適しているよ。

日本三名園のひとつ
後楽園

江戸時代の岡山藩主・池田氏が造った日本庭園。川をはさんだ先に岡山城があり、園内からは天守が見えるよ。

冬の夜に、まわし姿で大集結！
西大寺会陽（裸祭り）

毎年2月に、岡山市の西大寺で行われるお祭り。約1万人のまわし姿の男が、福を呼ぶとされている「宝木」をうばい合うよ。

備前焼

平安時代から、備前市周辺で作られている焼きもの。絵つけはせずに、そのままの焼き味を出すのが特色の、国の伝統的工芸品。

乳用牛（ジャージー牛）

蒜山高原は、「ジャージー牛」を飼育する酪農地帯。牛乳から作るプリンやヨーグルトなども人気だよ！

YOGURT

津山
津山盆地
吉井川
旭川
岡山空港
備前
岡山
岡山
岡山平野
岡南飛行場
児島湖
児島半島
玉野

国産ジーンズの聖地
児島ジーンズストリート

倉敷市児島地区は繊維工業が盛んで、国産ジーンズが誕生した町。約400mの通りには、地元ジーンズメーカーのお店が軒を連ねるよ。

広島県
ひろしまけん

広島県の「ヒ」の字を円形にデザインしたもの。

面積	8480㎢
人口	282万人
県の鳥	アビ
県の花	モミジ
県の木	モミジ

瀬戸内工業地域の中心地だよ！

熊野筆
くまのふで

江戸時代末期から熊野町で作られている、毛筆や化粧筆などの筆。国の伝統的工芸品で、現在でも全国の筆の生産量の約80%を占めているよ。

広島市安佐動物公園
▶111ページ

北広島
太田川
広島
府中
広島
広島湾
広島港
熊野
厳島
江田島
呉
能美島
倉橋島
東
東
芸

日本三景[1]のひとつ 厳島
いつくしま

広島湾に浮かぶ島で、北岸に厳島神社がある。島全体が神としてとらえられ、信仰されてきたよ。宮島とも呼ばれているよ。
ひろしまし あさどうぶつこうえん
きたひろしま
おおたがわ
ひろしま
ふちゅう
ひろしま
ひろしまわん
ひろしまこう
いつくしま
えたじま
のうみじま
くらはしじま

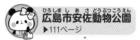

1 カキ

国内で養殖される、約60%が広島県産。広島湾は波が静かで、カキの養殖に適しているよ。
こくない ようしょく ひろしまけんさん ひろしま わん なみ しず ようしょく てき

ニシキゴイ

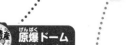

広島市、三原市、福山市などで養殖が盛ん。「泳ぐ宝石」といわれ、海外でも大人気だよ。
ひろしまし みはらし ふくやまし ようしょく さか およ ほうせき かいがい だいにんき

世界遺産 原爆ドーム ▶153ページ
げんばく

(呉市海事歴史科学館)大和ミュージアム
▶111ページ

[1] 日本三景➡18ページ　[2] 無形文化遺産➡32ページ

豊作を願う伝統行事

壬生の花田植

毎年６月に、太鼓や笛を鳴らし、田植歌を歌いながら田植えをするよ。2011年に無形文化遺産②に登録されたよ。

全国の生産量の約60%を占め、とくに生口島が一大産地。県内では「瀬戸田レモン」と「大長レモン」が作られているよ。

げた（松永げた）

福山市松永町は、「げたの町」。げたを使った競技を行う「ゲタリンピック」も毎年開催！

府中町に大手自動車メーカー・マツダの本社があり、発展。県内各地に関連工場がたくさんあるよ。

造船

呉市や三原市は気候や地形が適していて、古くから造船業が盛ん。呉市の海軍軍需工場では、旧日本海軍の戦艦「大和」が造られたよ。

海から日本を守る

海上自衛隊基地

呉市には、海上自衛隊の基地があるよ。日曜日には、庁舎と護衛艦が一般公開されていて、写真撮影などもできるよ。観光客からも大人気！

瀬戸内海の島々を7つの橋で結ぶ

瀬戸内しまなみ海道

広島県尾道市と愛媛県今治市を結ぶ、約60kmの道路。景色が楽しめるサイクリングコースとしても人気だよ！

山口県

「山」「口」の字を組み合わせ、飛ぶ鳥の形を表現。

面積	6113㎢
人口	137万人
県の鳥	ナベヅル
県の花	ナツミカンの花
県の木	アカマツ

本州の一番西にある県！九州とはトンネルや橋でつながっているよ！

見島

日本海

相島

青海島

萩

角島

長門

秋吉台

山口

山口盆

蓋井島

厚狭

新山口

新下関

下関

宇部

山口宇部空港

下関港

関門海峡

関門トンネル

周防灘

日本最大級のカルスト地形📖 秋吉台

３億年以上前の石灰岩などが押しあげられてできたよ。地下には日本最大級の鍾乳洞・秋芳洞があるよ。

（下関市立しものせき水族館）海響館

▶111ページ

赤間すずり

鎌倉時代から続く、石をけずって作るすずりで、国の伝統的工芸品。赤間石という粘りがあり、加工しやすい石を使うよ。

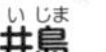

源平合戦の舞台 壇ノ浦古戦場跡

平安時代末期、壇ノ浦で行われた源氏と平氏最後の戦いの場所。両軍合わせて約4000の船が関門海峡に集結したといわれているよ！

本州と九州を結ぶ 関門トンネル

山口県下関市と福岡県北九州市を結ぶ鉄道用の海底トンネル。車道の下に歩行者専用の道がある関門国道トンネル、新幹線用の新関門トンネルもあるよ！

📖カルスト地形…水に溶けやすい石灰岩でできた大地が、雨水や地下水によって侵食されてできた地形。

明治日本の産業革命遺産 製鉄・製鋼、造船、石炭産業

▶150ページ

萩城下町

1604年に萩城が築かれ、城下町として栄えたよ。萩城跡や、武家屋敷跡などが世界遺産として登録されているよ。

松下村塾

幕末の思想家・吉田松陰の塾。ここで学んだ高杉晋作や伊藤博文らが、倒幕運動や明治維新政府で活躍したよ。

レンコン（岩国レンコン）

岩国市で栽培が盛ん。「岩国レンコン」は、ふつうのレンコンより、穴がひとつ多いといわれているよ。

夏ミカン

長門市が日本の夏ミカン発祥の地！ 現在は、萩市全体で栽培が盛んだよ。

菅原道真をまつる
防府天満宮

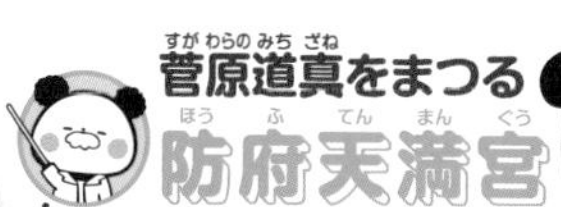

904年に建てられた、日本最古の天満宮。

アーチが美しい木の橋 錦帯橋

錦川にかかる5連構造の木造の橋。くぎを使わない組木という工法で造られていて、中央の3連はアーチ橋になっているよ。

アマダイ

萩市で多く水揚げされるよ。「萩のあまだい」というブランド名で知られる人気の高級魚。

フグ

下関市にはフグの毒を処理する工場が多数あり、取扱量は日本一。全国のフグが集められ、処理後に出荷されるよ。

▶111ページ

中国地方のご当地グルメ

名前からは想像つかないものがいっぱい！　中国地方の料理を紹介！

鳥取県

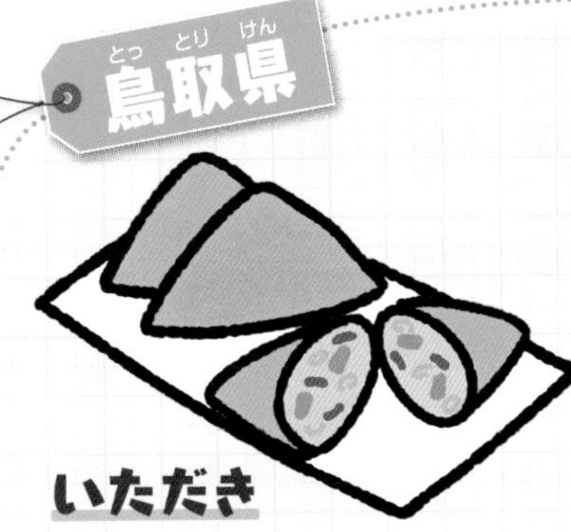

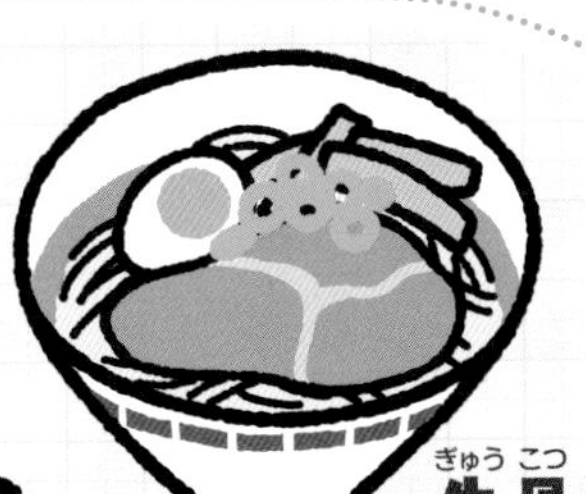

いただき

油揚げの中に米や野菜を詰めて、だしでたきあげた料理。特別な行事のときによく食べられるよ。「いただき」の名前の由来には「いただく」という感謝の気持ちから、大山の頂上（頂）に形が似ているからなど、諸説あるよ。

牛骨ラーメン

牛骨でだしをとった、甘みと香ばしさのあるスープが特徴。ちぢれ麺で、しょうゆ、塩など味のバリエーションも豊富！

島根県

出雲そば

そばが黒っぽいのが特徴で、冷たい「割子そば」と、温かい「釜揚げそば」があるよ。

ぼてぼて茶

乾燥した茶の花を入れて煮だした番茶を、茶わんにそそいで茶せんでよく泡立てたら、おこわや煮豆などの具を入れて完成。泡立てるときの音が名前の由来だよ。

うずめ飯

「うずめ」は「うずめる」のこと。一見ワサビとノリがのったご飯にだしをかけるシンプルな料理に見えるけど、下にカマボコやシイタケがかくれているよ。

岡山県

エビ飯

ご飯にエビなどを混ぜ、ソースなどをからめていためるよ。真っ黒な見た目はインパクト大！　錦糸卵を上にのせて食べるのが定番だよ。

どどめや（ばらずし）

たきこみご飯に酢を混ぜた、たきこみずし。鎌倉時代、たきこみご飯に酸っぱくなったどぶろく（にごり酒）がかかり、それがおいしかったことから始まったといわれているよ。

ママカリ料理

ママカリはサッパというニシン科の魚。ご飯（まま）が進み、足りずにとなりに借りにいく（飯借り）ほどおいしいことからきているよ。酢漬けや塩焼きにして食べるよ。

広島県

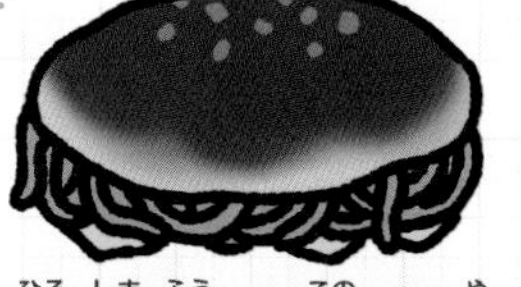

広島風お好み焼き

生地を鉄板でうすくのばしてキャベツや肉などの具材を重ねて、引っくりかえし、蒸し焼きにするのがポイント。生地と具材を混ぜて焼く関西風のお好み焼きとはちがうよ！

カキ料理

広島県は、養殖カキの生産量日本一！　県内には、新鮮なカキが食べられるカキ小屋がたくさんあるよ。カキ入りのお好み焼きもあるんだって！

尾道ラーメン

豚の背脂が浮いた、鶏ガラや小魚でとったしょうゆベースがくせになる！　平打ちのストレート麺が特徴で、「中華そば」として親しまれてきたよ。

山口県

岩国ずし

大きな木の枠の中に、ちらしずしを何層も重ねて作る押しずしだよ。とってもはなやかな見た目で、お祝いごとには欠かせないごちそうだよ！

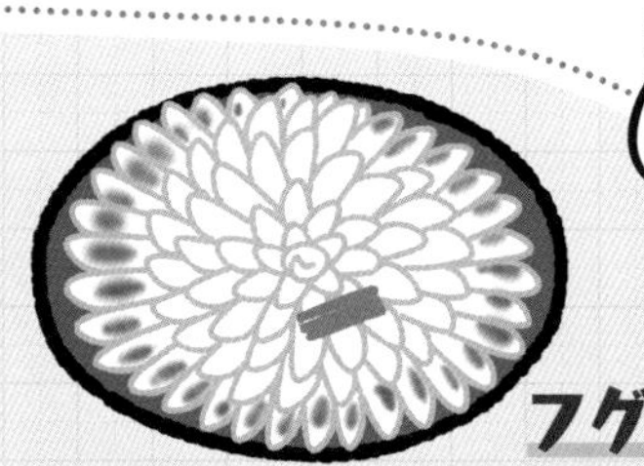

フグ料理

下関市は、禁止されていたフグ料理が最初に解禁になったところ。フグ鍋、フグ刺しなど、市内はフグであふれているよ。

ちびぱんイチオシ 中国地方のお出かけスポット♪

日本にここだけ!? 個性派ぞろいの
中国地方の人気スポットをご紹介！

鳥取県 境港市

水木しげる記念館

➡98ページ

日本を代表する漫画家・水木しげるワールド全開の博物館。水木作品や再現された仕事部屋、迫力満点の妖怪ジオラマなど、見どころいっぱい！　最寄りの境港駅から177体の妖怪の銅像が立ちならぶ「水木しげるロード」を通っていくよ。

妖怪の世界って
ヘンテコでおもしろい！

島根県 大田市

仁摩サンドミュージアム

➡100ページ

世界一大きな砂時計「砂暦」がある砂の博物館。日本各地や海外の砂が観察できるコーナーや、砂絵のカードやしおりが作れる工作コーナーがあるよ。砂暦の砂は、1年かけてゆっくり落ちるよ。

落ちる砂を見てたら
ねむく……zzz

岡山県 笠岡市

笠岡市立カブトガニ博物館

➡102ページ

世界で唯一の「カブトガニ」をテーマにした博物館。ここでは、「生きた化石」ともいわれるカブトガニの飼育や繁殖、展示、研究をしているよ！　博物館のまわりには、実物大の恐竜のオブジェが展示された公園もあるよ！

カブトガニって
カニじゃないの～!?

広島県　呉市

（呉市海事歴史科学館）
大和ミュージアム

➡104ページ

呉市の歴史と造船などの科学技術を展示。戦艦「大和」の設計図や写真、10分の１の大きさで再現された模型が見られるフロアや、操船シミュレーターで船の動かしかたを学べるフロアなどがあるよ。

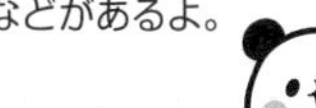

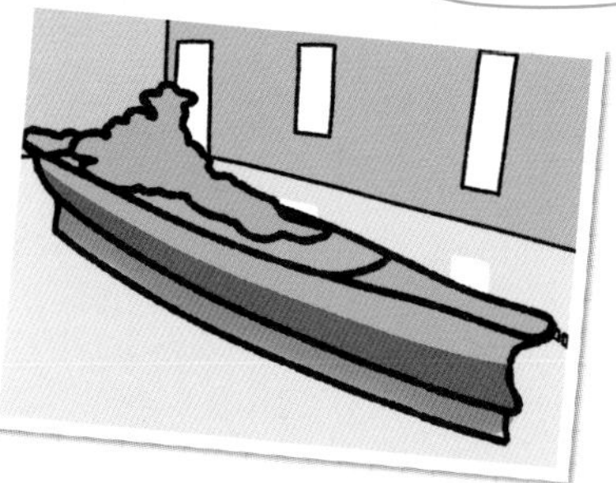

広島県　広島市

広島市
安佐動物公園

➡104ページ

アフリカとアジアの動物を中心に飼育している動物園で、世界最高齢のクロサイ「ハナ」が飼育されていたことで有名。はちゅう類館では、“世界最大の両生類”といわれるオオサンショウウオを飼育していて、成長する様子を観察できるよ！

オオサンショウウオ、
……ね、ねてる？

山口県　岩国市

地底王国 美川ムーバレー

➡107ページ

鉱山跡を利用したテーマパーク。迷路のような洞窟を探検しながら、地底王国にかくされたナゾを解いていくよ！　ほかにも、砂金や天然石掘りが体験できたり、ピラミッドのような形の「ピラミッドカレー」が味わえたりするよ！

洞窟の中は、夏はとってもすずしい。
あ、ちびぱんかたまってる！

山口県　下関市

（下関市立しものせき水族館）
海響館

➡106ページ

海峡都市・下関のシンボルとして愛される水族館だよ。下関を囲んでいる関門海峡や日本海、瀬戸内海の生きものなどを中心に展示していて、世界で一番フグの展示数が多いよ。世界最大級のペンギンプールがあることでも有名！

ペンギンの行進、
かわいい～！

徳島県

「と」「く」を飛ぶ鳥の形にデザインしたもの。

阿波おどりが有名。
山や川が多く、自然豊か！

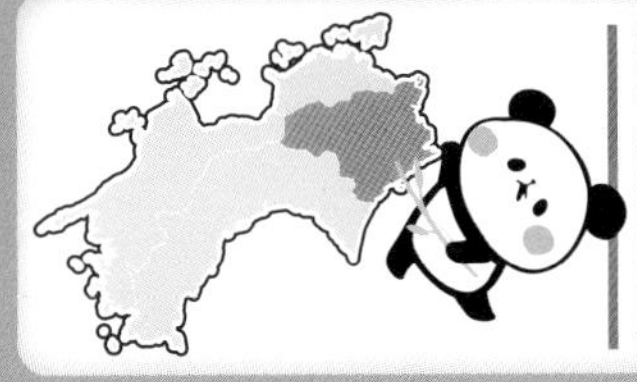

面積	4147㎢
人口	74万人
県の鳥	シラサギ
県の花	スダチの花
県の木	ヤマモモ

スダチ

全国の生産量の100％近くを占めるよ。とくに神山町、阿南市などで栽培が盛ん。

生シイタケ

徳島市、神山町、小松島市が産地。原木を使わない栽培方法で、一年を通して収穫されるよ。

サツマイモ

鳴門市周辺の砂地で栽培される「なると金時」という品種が有名だよ。

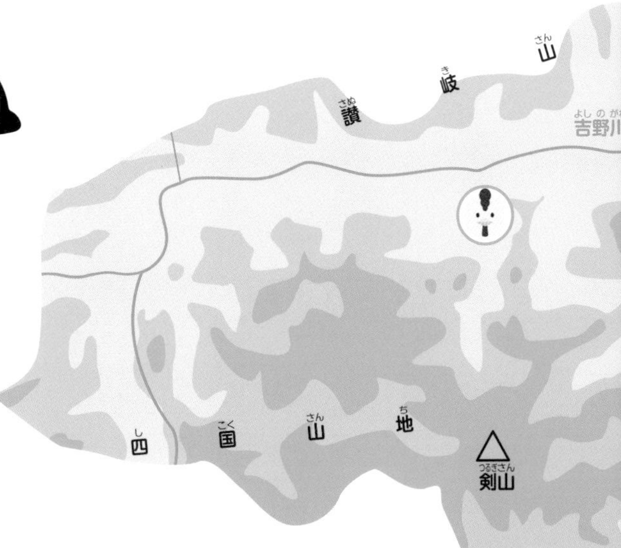

弘法大師の足跡をたどる

四国八十八ケ所めぐり（お遍路）

空海ゆかりの、四国にある88か所の寺院（霊場）をめぐり、参拝すること。徳島県内には、一番札所の霊山寺のほか、極楽寺など23か所の霊場があるよ。

迫力満点のうず潮が見られる！

鳴門海峡

鳴門市大毛島・島田島と兵庫県淡路島の間にある海峡。大潮のときは、うず潮のうずの直径が20mに達することも。もっとも狭い部分を結ぶ大鳴門橋は、うず潮に影響を及ぼさないように、特殊な工法でできているよ。

阿波おどり
▶149ページ

鳴門海峡

鳴門
徳島空港
藍住
徳島平野
吉野川
徳島

四国で２番目に長い川

吉野川

高知県から流れでて、四国山地を横切る川。中流の深い谷・大歩危、小歩危は観光名所だよ。

小松島
神山
阿南

阿波藍

平安時代に布を染めるため、藍の栽培が始まったよ。現在もその伝統が引きつがれ、徳島県でとれる藍染めの元となる染料は「阿波藍」と呼ばれるよ。

伊島

美波
太平洋

日和佐うみがめ博物館カレッタ
▶122ページ

LED

徳島県では化学工業が盛ん。白色LEDの生産量が世界一のメーカーをはじめ、LED関連の会社が集まっているよ。

ワカメ

鳴門海峡周辺で養殖が盛ん。養殖用のロープをつなげると、四国を一周するほどの長さに。

肉用鶏（阿波尾鶏）

県西部や県南部の自然に恵まれた環境の中で飼育される、日本を代表する地鶏だよ。

香川県

香川県の「カ」を、山とオリーブの葉にデザイン。

面積	1877㎢
人口	96万人
県の鳥	ホトトギス
県の花	オリーブ
県の木	オリーブ

人口当たりうどん屋さんが日本一多い「うどん県」！

レオマリゾート
▶122ページ

本州と四国をつなぐ橋 瀬戸大橋

香川県坂出市と岡山県倉敷市児島を結び、6つの橋が連なっているよ。道路と鉄道の併用橋としては世界最長で、ギネス世界記録📖にも認定。

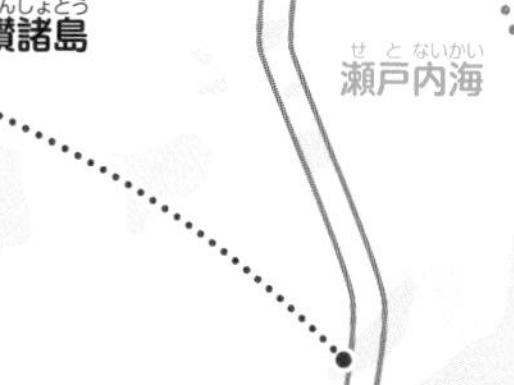

石垣の名城！ 丸亀城

江戸時代までに建てられたお城で、石垣の高さは合わせると日本一の60m。毎年春に、「丸亀お城まつり」も開催。

備讃諸島
瀬戸内海
広島
坂出
丸亀
飯野山
荘内半島
琴平山
琴平
三豊
観音寺
満濃池

琴平山の中腹に立つ 金刀比羅宮

「こんぴらさん」の愛称で親しまれ、海の守り神として信仰される神社。奥社まで1368段の長い石段が有名！

1 ニット手袋

全国の生産量の90%以上を占め、とくに東かがわ市で盛ん。スポーツ用の革手袋も製造しているよ！

📖ギネス世界記録➡20ページ

アートの島 直島

直島は、まるで島全体が美術館。いたるところにアート作品が展示されているよ。

オリーブ

小豆島は、日本で初めてオリーブの栽培に成功した土地。全国の生産量の90%以上を香川県が占めるよ。

ニンニク

生産量は全国トップクラス。琴平町を中心に栽培され、大きくて濃厚な味わいが特徴。

豊島

播磨灘

道の駅 小豆島オリーブ公園

▶122ページ

高松

讃岐平野

東かがわ

高松空港

讃岐山脈

日本一の生産量 松の盆栽

約200年前から高松市を中心に松の盆栽の生産が始まり、現在では海外にも輸出されているよ。

ハマチ

日本で初めてハマチの養殖を行ったのが引田村（現在の東かがわ市引田）。波が静かなことをいかして、養殖が発展したよ。

日本最大級のため池 満濃池

香川県は雨が少ないため、多くのため池が造られたよ。満濃池は、平安時代に空海が改修したといわれる日本最古のため池だよ。

丸亀うちわ

全国のうちわ生産量の約90%を占めるよ。江戸時代初期、金比羅参りのお土産として誕生した、国の伝統的工芸品だよ。

愛媛県
えひめけん

太陽や県の特産品・ミカンをデザインしたもの。

面積	5676㎢
人口	135万人
県の鳥	コマドリ
県の花	ミカンの花
県の木	マツ

かんきつ類の産地として名高い県だよ！

中島

夏目漱石の小説にちなんだ 坊っちゃん列車

松山市が舞台の小説『坊っちゃん』に登場する蒸気機関車を復元。松山市駅と古町駅〜道後温泉駅まで走っているよ。

松山空港

松山

伊予

伊予灘

攻守の機能にすぐれた 松山城

松山市中心部にそびえ立つ、江戸時代に築かれた広大なお城。天守は、当時のものが残っているよ。

大洲

佐田岬半島

宇和海

宇和島

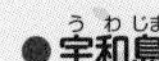

ミカン

温暖な気候をいかし、古くからかんきつ類の栽培が盛ん。とくにミカンは種類も豊富だよ！

キウイフルーツ

伊予市や松山市を中心に、「ヘイワード」「ゴールドキウイ」という品種が作られているよ。

大洲和紙

大洲市で作られている、書道和紙や障子紙として有名な手すき和紙。国の伝統的工芸品だよ。

リアス海岸➡16ページ

タオル美術館
▶123ページ

タオル

全国の生産量の約60%を占めるよ。今治市では古くから綿織物作りが盛んで、明治時代にタオルの生産が始まったよ。

紙

愛媛県の瀬戸内海沿いは、瀬戸内工業地域にふくまれるよ。四国中央市では、製紙業が盛んだよ。

四国中央
新居浜
西条
銅山川
石鎚山
瓶ケ森
山地
面河川

道の駅 マイントピア別子
▶123ページ

西日本最高峰
石鎚山

標高1982m、古くから修行の山として知られる霊山だよ。登山道は険しく、くさりで岩場を登る場所も。

3000年もの歴史がある
道後温泉

松山市の道後温泉は、日本最古ともいわれる温泉。『日本書紀』にも記述が残されているよ。

タイ

県西部の宇和海が一大産地。天然タイの漁獲量、養殖タイの生産量とも全国トップクラス。

真珠

宇和島市で養殖が盛ん。宇和島市周辺の海岸はリアス海岸のため、養殖に適しているよ。

高知県

旧国名の土佐の「と」「さ」の字をデザイン。

森林が多く、海に面した自然豊かな県！

面積	7104㎢
人口	71万人
県の鳥	ヤイロチョウ
県の花	ヤマモモ
県の木	ヤナセスギ

カツオ

高知県は、日本有数のカツオの漁獲量をほこるよ。カツオの一本釣りが有名！

南海道随一の名城

高知城

初代土佐藩主・山内一豊が築いたお城。高知県のシンボルで、天守や追手門など、15の建造物が重要文化財に指定されているよ。

強くて大きな体

土佐闘犬

闘犬は江戸時代、土佐藩で藩士の士気を高めるために推しょうされた。より強くするために海外の犬種と交配してできたのが、今の土佐闘犬だよ。

瓶ケ森

四国山

須崎

梼原川

四万十

四万十川

鵜来島

沖ノ島

太平洋

四国でもっとも長い

四万十川

全長196㎞、「日本最後の清流」といわれるほどきれいな川で、150種類以上の魚がすんでいるよ。

美しい海岸 桂浜

弓の形に広がる砂浜で、月の名所として知られているよ。桂浜公園内には、高知出身の幕末の志士・坂本龍馬の像も！

土佐和紙

平安時代から作られているじょうぶな和紙で、国の伝統的工芸品。なかでも「土佐典具帖紙」は、手すき紙では、世界一のうすさをほこるよ。

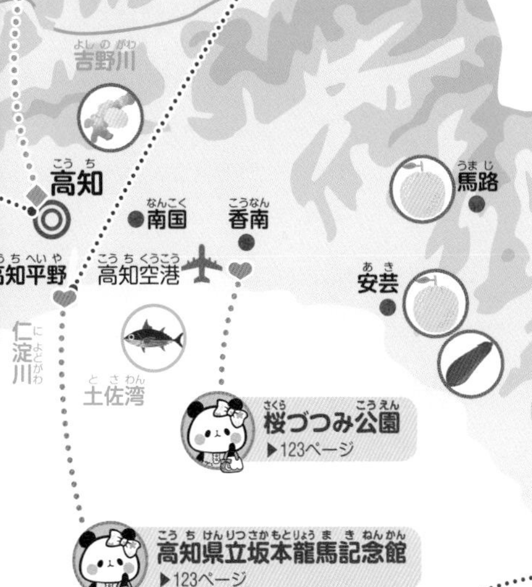

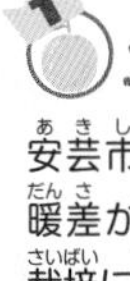

1 ユズ

安芸市や馬路村周辺は、寒暖差がある気候で、ユズの栽培に適しているよ。

1 ナス

ナスは夏の野菜だけど、高知県ではビニールハウスを使って栽培し、秋から翌年の春にかけて収穫するよ。

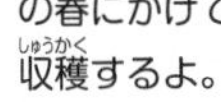

1 ショウガ

四万十町や高知市、土佐市が産地。秋に収穫して貯蔵し、一年を通じて出荷するよ。

日本一明るい灯台がある 室戸岬

室戸岬灯台のレンズの大きさは、直径約2.6mで日本最大級！ 約50km先の海まで光が届くよ。

土佐打刃物

戦国時代から作られる金工品で、国の伝統的工芸品。古くは刀剣作りが盛んだったよ。現在は、カマや包丁が有名！

四国地方のご当地グルメ

海に囲まれた四国には、海の幸を使った料理が多いよ！

徳島県

徳島ラーメン

スープの味は3種類。とんこつの白系、鶏ガラなどの黄系、とんこつベースにしょうゆで味をつけた茶系（黒系）に分けられるのが特徴。

海賊料理

海女や漁師が体を温めるために火をおこし、魚介類を焼いて食べたことが始まり。とれたての新鮮な魚介類を、生きたまま網焼きするよ。

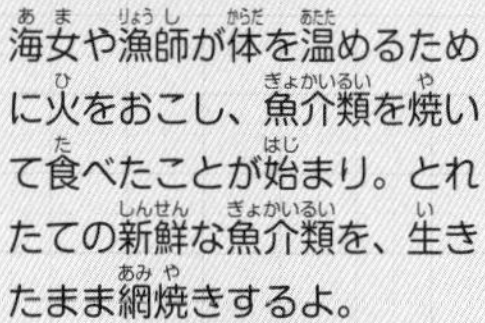

たらいうどん

ゆでたうどんを、大きなたらいにゆで汁ごと移して、つけ汁につけて大勢で食べるよ。うどんは、太くてコシがあったり、細くてやわらかかったりと、お店によってさまざま！

香川県

骨付鳥

丸亀市発祥のご当地グルメ。鶏の骨付きもも肉を、ニンニクなどのスパイスで味つけして焼いたものだよ。

讃岐うどん

香川県は、うどんの生産量・消費量日本一！　コシが強いのが特徴で、県内にはたくさんのうどん屋さんがあるよ。

たこ判

たこ判は、たこ焼きの生地を大判焼きの型で焼いたもの！　もっちりとした生地の中にキャベツがたくさん入っているよ。

愛媛県（えひめけん）

じゃこ天（てん）

ホタルジャコなどの小魚（こざかな）を、皮（かわ）がついたまま骨（ほね）ごとすり身（み）にして、油（あぶら）で揚（あ）げた練（ね）り製品（せいひん）。揚（あ）げたてをそのまま食（た）べたり、おでんに入（い）れたりして食（た）べるよ。

鯛（たい）めし

宇和島鯛（うわじまたい）めしは、冷（つめ）たいだしに卵（たまご）をとき、タイの刺（さ）し身（み）をからめて、アツアツのご飯（はん）の上（うえ）にのせて食（た）べるよ。ご飯（はん）の上（うえ）に丸（まる）ごとタイをのせてたきこむ、松山（まつやま）鯛（たい）めしもあるよ。

もぶり飯（めし）

瀬戸内海（せとないかい）の魚介類（ぎょかいるい）をたくさん使（つか）ったちらしずし。松山市（まつやまし）では、混（ま）ぜることを「もぶる」といい、この名前（なまえ）がついたよ。小魚（こざかな）でとっただしと甘（あま）めの酢（す）を使（つか）うのが特徴（とくちょう）。

高知県（こうちけん）

カツオのたたき

とれたての新鮮（しんせん）なカツオは、表面（ひょうめん）をあぶるとさらにおいしい。たっぷりのニンニクとネギといっしょに、しょうゆダレか塩（しお）で食（た）べるよ。

こけらずし

焼（や）き魚（ざかな）のほぐし身（み）を混（ま）ぜたゆず酢（す）で作（つく）った酢飯（すめし）の上（うえ）に、シイタケやニンジンを散（ち）りばめて、何層（なんそう）にも重（かさ）ねた押（お）しずし。お祝（いわ）いごとやお祭（まつ）りには欠（か）かせないよ。

鍋焼（なべや）きラーメン

須崎市発祥（すさきしはっしょう）。土鍋（どなべ）に鶏（とり）ガラのスープ、ネギや卵（たまご）、ちくわなどを入（い）れて、沸騰（ふっとう）した状態（じょうたい）で出（だ）されるよ。最後（さいご）までアツアツのまま食（た）べられる！

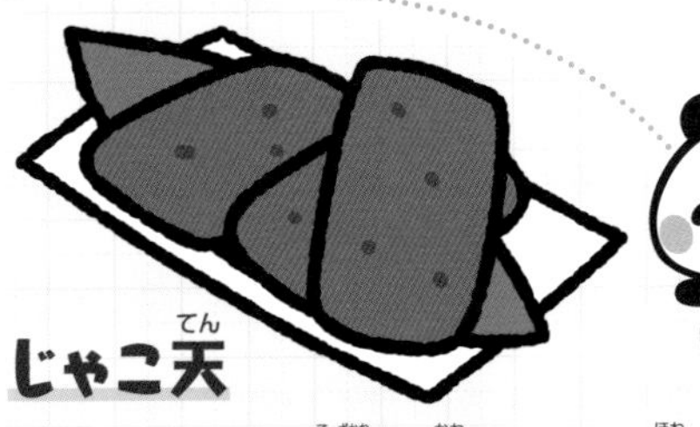

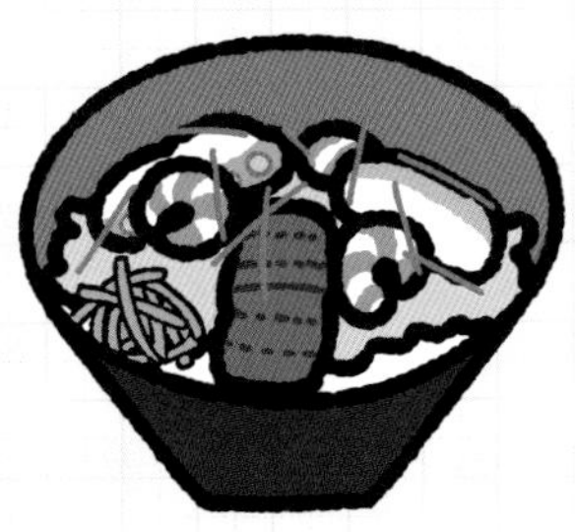

ちびぱんイチオシ

四国地方のお出かけスポット♪

思いっきり遊んで、ちょっと学んで……！
四国地方の人気スポットをご紹介～！

徳島県 美波町 日和佐うみがめ博物館カレッタ

➡113ページ

ウミガメの博物館は、世界でもめずらしいよ。ウミガメのはく製や進化の過程を見たり、ウミガメクイズを解いたりしながら、楽しくウミガメのことが学べるよ！　かわいい子ガメや大きなカメが泳ぐ姿も観察できる！

ウミガメの背中にのって
竜宮城に行きたいな！

香川県 丸亀市 レオマリゾート

➡114ページ

ショーやイルミネーション、アトラクションにグルメなどが楽しめるスポット。アジアの世界遺産や建物を再現したエリア「オリエンタルトリップ」や、大こうふんの遊園地「NEWレオマワールド」などがあるよ。

観覧車からのながめ、
気持ちいいよー！

香川県 小豆島町 道の駅 小豆島オリーブ公園

➡115ページ

約2000本のオリーブの木に囲まれた道の駅だよ。オリーブ栽培の歴史を学んだり、オリーブを使ったグルメが楽しめたりする「オリーブ記念館」や、世界のオリーブが植樹されている遊歩道「オリーブの路」があるよ！

オリーブの木と白い風車は、
絶好のフォトスポット～！

ギネス世界記録➡20ページ

愛媛県 今治市

タオル美術館

➡117ページ

タオルの生産量日本一をほこる今治市にあるタオルの美術館だよ。工場でタオルが作られる様子を見学できたり、タオルの原料の綿でできたアート作品が見られる！ 3、4階のお店では、さまざまな種類のタオルを買うことができるよ！

ふんわりやわらかなタオルってだ～い好き！

愛媛県 新居浜市

道の駅 マイントピア別子

➡117ページ

別子銅山の跡地を利用した鉱山のテーマパーク。江戸時代から昭和時代までの別子銅山のジオラマが広がる「江戸ゾーン」「近代ゾーン」や、銅山での作業を体験できる「遊学パーク体験ゾーン」があるよ。現在は産業遺産として保存される「東平ゾーン」には、鉱石の貯蔵庫の跡が残っているよ！

東平ゾーンは、「東洋のマチュピチュ」と呼ばれているよ！

高知県 香南市

桜づつみ公園

➡119ページ

四季を通して自然と親しめる芝生の公園。オオシマザクラやソメイヨシノなど約200本のサクラが植えられていて、春には美しくさきほこるよ！ 世界一長いうんてい「モンキーバー」もあって、長さはなんと102m！

ギネス世界記録の認定のうんていでへとへと～

高知県 高知市

高知県立坂本龍馬記念館

➡119ページ

高知出身の幕末の志士・坂本龍馬に関する資料が展示されているよ。龍馬のことを映像で紹介する「シアターコーナー」や、その生涯についての体験型展示「幕末広場」などがあるよ！ 直筆の手紙も展示されていて、龍馬の人となりを知ることができるよ。

屋上からは太平洋が見わたせたよ！

全国なんでもランキング Part5

いろんな長さ・大きさ・高さトップ3

川の長さ

1 信濃川（新潟県、長野県、群馬県）……367km

2 利根川（茨城県、栃木県、群馬県、埼玉県、千葉県、東京都）……322km

3 石狩川（北海道）……268km

※国土交通省「河川データブック2019」より

湖の大きさ

1 琵琶湖（滋賀県）……669.3㎢

2 霞ケ浦（茨城県）……168.1㎢

3 サロマ湖（北海道）……151.6㎢

※国土交通省「令和２年全国都道府県市区町村別面積調」より

深さ１位は秋田県の田沢湖で423・4m～

山の高さ

1 富士山（山梨県、静岡県）……3776m

2 北岳（山梨県）……3193m

3 奥穂高岳（長野県、岐阜県）、間ノ岳（山梨県、静岡県）……3190m

※国土地理院技術資料より

遊園地の大きさ

1 東京ディズニーリゾート（千葉県）……100万㎡

2 NEWレオマワールド（香川県）……69万㎡

3 ナガシマスパーランド（三重県）……63万㎡

（2019年）

橋の長さ

1 アクアブリッジ（桁橋）（千葉県）……4425m

2 明石海峡大橋（つり橋）（兵庫県）……3911m

3 第一北上川橋梁（トラス橋）（岩手県）……3868m

（2018年）

※国土交通省ホームページほか

ビルの高さ

1 あべのハルカス（大阪府）……300m／地上60階

2 横浜ランドマークタワー（神奈川県）……296m／地上70階

3 SiSりんくうタワー（大阪府）……256m／地上56階

（2019年）

現存する天守の高さ

1 姫路城（兵庫県）……約31.5m

2 松本城（長野県）……約25.0m

3 松江城（島根県）……約22.4m

（2019年）

九州・沖縄

地方　地方

南北に広がる、全体的に温暖な地方。どの県も海に面し、阿蘇山、雲仙岳、桜島といった火山が多いのも特徴だよ！

福岡県
ふくおかけん

県の花であるウメで「ふ」と「く」をデザインした。

面積	4987㎢
人口	511万人
県の鳥	ウグイス
県の花	ウメ
県の木	ツツジ

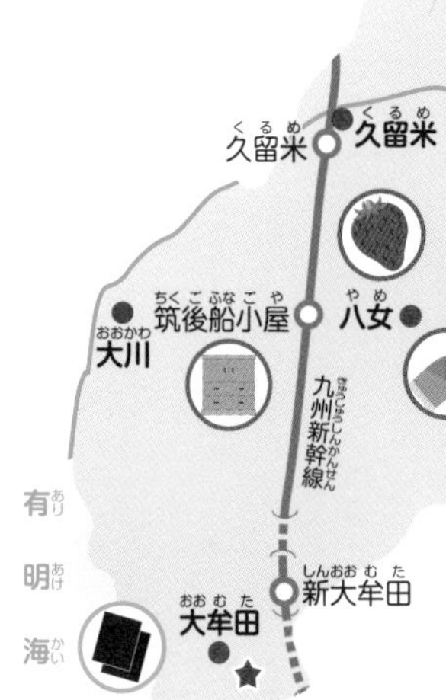

世界遺産 「神宿る島」宗像・沖ノ島と関連遺産群

▶153ページ

博多港 はかたこう ⚓

福岡 ふくおか ◎ 博多 はかた

福岡空港 ふくおかくうこう ✈

宗像大社
むなかたたいしゃ

宗像三女神という３人の女神をまつる神社。航海の安全など、「道」の守り神として信仰されているよ。

マリンワールド海の中道

▶142ページ

博多織
はかたおり

鎌倉時代から続くとされる高級な絹織物。おもに福岡市で作られているよ。国の伝統的工芸品。

日本有数のウメの名所

太宰府天満宮
だざいふてんまんぐう

学問の神様・菅原道真をまつる神社。平安時代、無実の罪で大宰府へ追いやられた道真の無念を鎮めようとして建てられたよ。

久留米 くるめ

久留米 くるめ

筑後船小屋 ちくごふなごや

八女 やめ

大川 おおかわ

九州新幹線 きゅうしゅうしんかんせん

福岡県の名物といえば!?

辛子明太子
からしめんたいこ

辛子明太子は、スケトウダラの卵巣を唐辛子入りの調味料で漬けたもの。1949年ごろ、日本で初めて博多で発売されたよ。

有明海 ありあけかい

大牟田 おおむた

新大牟田 しんおおむた

ノリ

有明海を中心に養殖が盛ん。日本を代表する産地だよ。

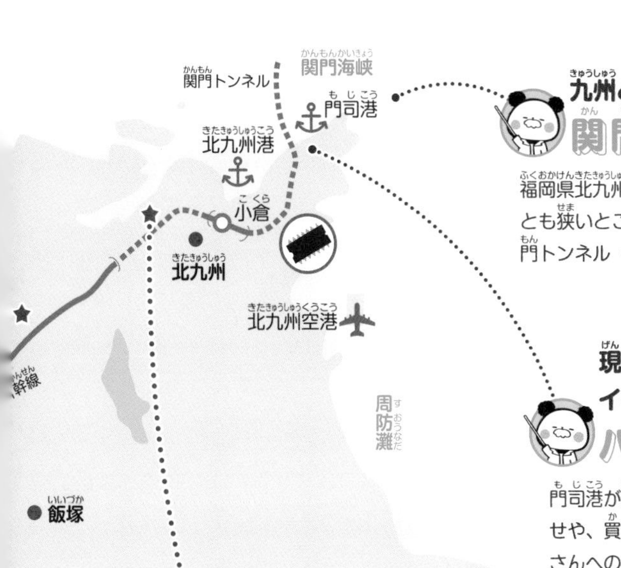

紫　山　地

後川

九州と本州をへだてる 関門海峡

福岡県北九州市と山口県下関市の間にあり、もっとも狭いところで幅約650m の海峡。海底には関門トンネル（➡106ページ）も通っているよ！

現在はお祭りのイベントなどとして人気！ バナナのたたき売り

門司港が発祥の地。客寄せや、買ってくれたお客さんへのお礼など、独特の口上を述べながら、威勢よく売るよ。

世界遺産 明治日本の産業革命遺産 製鉄・製鋼、造船、石炭産業
▶150ページ

官営八幡製鐵所

明治時代に建設された、日本初の近代的製鉄所。国内で鉄鋼材を生産するため国家事業として造られ、日本の重工業発展を支えたよ。

イチゴ

生産量は全国２位で、とくに八女市などで栽培が盛ん。有名な品種「あまおう」の産地。

タケノコ

1

日本有数の竹林が広がる福岡県。とくに、八女市などで栽培が盛んだよ。

たんす

大川市では古くから木工業が盛ん。たんすやたななどを作る、日本最大級の家具産地だよ。

半導体

1960年代以降、九州には半導体の工場がたくさん造られ、「シリコンアイランド」と呼ばれるようになったよ。福岡県では高速道路や空港の周辺に、関連会社や研究機関が集まっているよ。

佐賀県

豊かな土地と海をモチーフにしたデザイン。

面積	2441㎢
人口	82万人
県の鳥	カササギ
県の花	クスの花
県の木	クス

伊万里・有田焼などの伝統的工芸品が有名！

馬渡島　日本海

玄界

東松浦半島　唐津湾　唐津港　唐津　伊万里湾　伊万里　有田　武雄

ミカン

唐津市を中心に、ビニールハウスでのミカン栽培が盛ん。ハウスミカンの生産量は日本一！

タマネギ

生産量は全国2位で、白石町を中心に栽培が盛ん。海のミネラルが豊富な干拓地のため、栽培に適しているよ。

唐津焼

唐津市を中心に作られる焼きもので、国の伝統的工芸品。戦国時代には、茶の湯用として、茶人から人気を集めたよ。

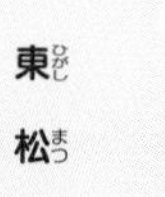

巨大集落跡
菜畑遺跡

唐津市にある日本最古の水田跡。遺跡の発見から、唐津市が日本の米作り発祥の地と考えられているよ。

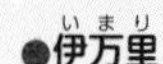

伊万里焼・有田焼

安土桃山時代に、朝鮮半島から連れかえった職人によって伝えられたとされる焼きもの。白い素地にあざやかな絵つけが特色の、国の伝統的工芸品だよ。

ユニークな競技が多数
鹿島ガタリンピック

有明海の干潟で行われるイベント。干潟に飛びこんだり自転車レースをしたり、泥だらけで大盛りあがり！

1 干満差…潮の満ち干きによって起こる、満潮時と干潮時の潮位の差。　2 くんち…九州北部で行われる秋祭りの総称。

ノリ

有明海は干満差[1]が大きいためノリが海水につかり、日光もよく当たるので、おいしく育つよ。

イカ

玄界灘でとれるイカの多くはケンサキイカで、「呼子のイカ」と呼ばれるよ。高速回転させて干すのも有名。

色あざやかな「曳山」が見事！

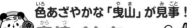

唐津くんち[2]

毎年11月に唐津神社で行われる秋祭り。「曳山」と呼ばれる、タイや獅子などの形をした山車が特色だよ。無形文化遺産[3]にも登録。

佐賀バルーンミュージアム
▶142ページ

脊振山地
筑紫山地
鳥栖
新鳥栖
九州新幹線
吉野ヶ里
佐賀
筑後川
白石
佐賀空港

日本最大規模の集落跡

吉野ヶ里遺跡

弥生時代の集落跡。濠や物見やぐら跡が発見され、日本のお城の始まりとも。現在は吉野ヶ里歴史公園として、当時の暮らしが再現されているよ。

世界遺産
明治日本の産業革命遺産
製鉄・製鋼、造船、石炭産業
▶150ページ

有明海

日本最大級の干潟が広がる

有明海

福岡県、佐賀県、長崎県、熊本県に囲まれた内海。有明海の干潟には、ムツゴロウをはじめ、多様な生物が生息しているよ。

[3]無形文化遺産➡32ページ

長崎県

ながさきけん

長崎県の「N」の字とハトをデザインしたもの。

面積	4131km²
人口	134万人
県の鳥	オシドリ
県の花	ウンゼンツツジ
県の木	ヒノキ、ツバキ

島の数は約970で日本一！
名物はカステラだよ！

造船

長崎市は、江戸時代末期に日本初の船の修理工場ができたところ。西日本最大級の貿易港として栄えた佐世保港もあり、造船業が発展したよ。

世界平和への願いをこめた 平和公園

長崎市内の原爆落下中心地に造られた公園。毎年8月9日に長崎原爆犠牲者慰霊平和祈念式典が行われ、世界に平和の実現をうったえるよ。

大小140あまりの島々からなる 五島列島

長崎港から西へ100kmほどの場所にある島々。絶景と数多くの教会が、観光スポットとして人気だよ。

世界遺産 長崎と天草地方の潜伏キリシタン関連遺産

▶153ページ

大浦天主堂

正式名称は、日本二十六聖殉教者聖堂。江戸時代末期に建てられた、現存する日本最古のキリスト教の教会だよ。

小値賀空港

東シナ海

五島列島

中通島

上五島空

江戸時代に貿易の窓口だった 出島

江戸幕府が長崎港に造った人工の島。鎖国中に、貿易が許された国はオランダと中国のみで、オランダの商人は、出島にだけ住むことが許されたよ。

福江島

福江空港

長崎くんち[1]

▶149ページ

[1] くんち➡128ページ　[2] 大陸棚…陸地や島の周辺に見られる、海岸からゆるやかな傾斜が続く浅い海底。

自然豊かな国境の島 対馬

長崎県で一番大きな島。島のほとんどが森林で、ツシマヤマネコなど、この島でしか見られない生物がたくさんいるよ。

アジ

玄界灘は大陸棚②が広がり、多くの魚が集まる好漁場。アジの漁獲量は、全国の約40%を占めるよ。

波佐見焼

安土桃山時代から始まった歴史ある陶磁器で、国の伝統的工芸品。人々の日常用の食器として広まったよ。じょうぶで使いやすい！

ビワ

江戸時代から、温暖な気候をいかして長崎市や西海市を中心に栽培されているよ。

現在も活動している活火山 雲仙岳

雲仙岳は、普賢岳や国見岳などの火山の総称。1990年に普賢岳で噴火が始まり、大きな被害が出たよ。

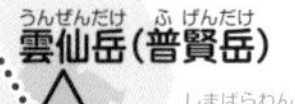

世界遺産 明治日本の産業革命遺産 製鉄・製鋼、造船、石炭産業

▶150ページ

端島炭坑

かつては炭鉱の島として栄え、多いときは5000人以上が住んでいたよ。高層の鉄筋コンクリートの建物が立ちならび、軍艦に見えたことから、「軍艦島」とも呼ばれるよ。

熊本県

熊本県の「ク」の字を九州の形にデザイン。

面積	7410k㎡
人口	176万人
県の鳥	ヒバリ
県の花	リンドウ
県の木	クスノキ

世界遺産 明治日本の産業革命遺産 製鉄・製鋼、造船、石炭産業

▶150ページ

大小120あまりの島々からなる 天草諸島

戦国時代にキリスト教が広まり、現在もキリスト教の影響を受けた文化が残っているよ。島原・天草一揆[1]の指導者・天草四郎の出身地としても有名。

加藤清正が築いたお城 熊本城

「武者返し」と呼ばれる、武士や忍者が登れないように、反り返るように積まれた急な石垣が特徴だよ。

世界遺産 長崎と天草地方の潜伏キリシタン関連遺産

▶153ページ

環境モデル都市となった 水俣市

水俣市周辺では、1950～60年代に水俣病という公害病が発生したよ。現在は資源のリサイクルなど、環境改善への取り組みを行っているよ。

[1] 島原・天草一揆…江戸時代初期に起こった、日本最大規模の一揆（圧政に対して農民や信徒などが立ちあがること）。鎖国のきっ

江戸時代以前から続く金工品で、国の伝統的工芸品。鉄の板に溝を彫り、金や銀をはめこんで装飾するのが特色。刀のつばや小刀などに施されていたよ。

▶143ページ

「火の国」の一大イベント
阿蘇の火祭り

毎年春に行われるイベント。阿蘇神社では、縄の先につけたかやの束に火をつけ、振りまわして豊作を祈念する「火振り神事」が行われるよ。

九州の中央部にそびえる活火山
阿蘇山

阿蘇山は、高岳や烏帽子岳など5つの山をふくむ総称。約9万年前の大噴火でできた、世界最大級のカルデラ[2]があるよ。

志
野
九州山地
地

1 い草

全国の約90%の生産量。八代平野では米の裏作[3]として、畳表の材料であるい草の栽培が盛んに！

1 トマト

八代市や玉名市を中心に栽培が盛ん。冬から春に出荷される冬春トマトが多いよ。

1 デコポン

デコポンは、かんきつ類の一種。宇城市や天草市などを中心に作られているよ。

1 スイカ

熊本市北区植木町が日本一のスイカの産地。熊本県では冬でもスイカを作っているよ。

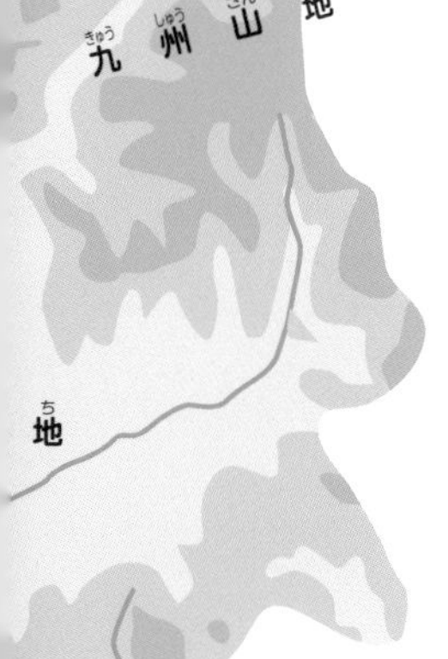

にもなった。 [2] カルデラ…火山の活動でできた大きなくぼ地。 [3] 裏作➡54ページ

大分県
おおいたけん

大分県の「大」の字をデザインしたもの。

面積	6341㎢
人口	114万人
県の鳥	メジロ
県の花	ブンゴウメ
県の木	ブンゴウメ

わきでる温泉の量、日本一の温泉県！

中津

筑紫山地

宇

多くの観光客が訪れる！
別府温泉、湯布院（由布院）温泉

県内に火山が3つあり、温泉の源泉の数、わきでる温泉の量ともに日本一だよ。別府、湯布院（由布院）など全国的に有名な温泉地がいっぱい！

由

地球の熱で電気を作る！
八丁原発電所

日本一発電量が多い地熱発電所。火山のマグマで熱せられた地下水の水蒸気を利用して電気を作るよ。

くじゅう連山

カボス

全国の生産量の90%以上が大分県！　江戸時代に、臼杵市で栽培されたのが始まりといわれているよ。

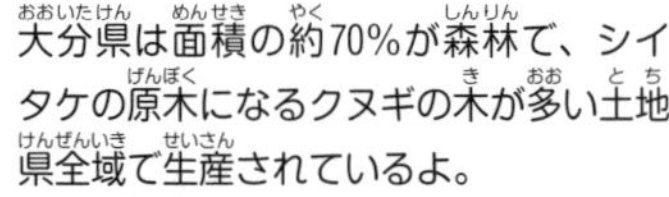

干しシイタケ

大分県は面積の約70%が森林で、シイタケの原木になるクヌギの木が多い土地。県全域で生産されているよ。

八幡様の総本宮
宇佐神宮

725年に創建された、全国に4万社あまりある八幡宮の総本宮。春には約500本のソメイヨシノがさくよ！

アジ、サバ（関アジ、関サバ）

太平洋と瀬戸内海の潮の流れがぶつかり合う豊後水道でとれる「関アジ」、「関サバ」は、身がひきしまり、おいしいことで有名。

肉用牛（豊後牛）

豊後国（大分県の旧国名）で生産される良質の黒毛和牛。おもに、くじゅう連山のふもとで飼育されているよ。

姫島

灘

瀬戸内海

（九州自然動物公園）
アフリカンサファリ
▶143ページ

別府湾

豊後水道

別府

佐賀関港

大分

佐賀関半島

臼杵

佐伯

深島

太平洋

別府竹細工

別府市周辺に伝わる国の伝統的工芸品。室町時代に行商用のかごを作って売ったことから始まり、その後工芸品としてあつかわれるように。

日本初の石仏の国宝！
臼杵石仏（磨崖仏）

磨崖仏とは、自然の岩壁や石を直接彫って造る仏像。県内には86か所、400体以上の磨崖仏があるよ。その代表が臼杵石仏。

1 デジタルカメラ

国東市に大手メーカー・キヤノングループの生産拠点があるため、関連工場がたくさん集まり、産業として発展。

宮崎県

宮崎県の旧国名だった「日向」の字をデザイン。

面積	7735km²
人口	108万人
県の鳥	コシジロヤマドリ
県の花	ハマユウ
県の木	フェニックス、ヤマザクラ、オビスギ

フルーツがおいしくて南国情緒あふれる！

マンゴー

宮崎平野で栽培が盛ん。完熟で出荷される「太陽のタマゴ」というブランドが人気だよ。

ピーマン

温暖な気候をいかした野菜の促成栽培📖が盛ん。ピーマンやキュウリの生産量が多いよ。

キュウリ

宮崎県のキュウリの早出し生産の歴史は古く、1953年ごろから、宮崎市で始まったといわれているよ。

都城大弓

江戸時代後期から作られている国の伝統的工芸品。今でも国内の竹弓の生産量の約90%をほこるよ。

地

川内川

小林盆地

霧島山

都城

野生の馬が暮らす 都井岬

都井岬には、約300年前に放牧され、のちに野生化した「御崎馬」が100頭以上いるよ。

📖促成栽培…野菜などをほかの地域より早い時期に栽培し、出荷する方法。

高千穂
島浦島
延岡
五ヶ瀬川
日向
西都
一ッ瀬川
宮崎平野
宮崎
大淀川
宮崎空港
日南
日南海岸

流れる滝が美しい絶景スポット
高千穂峡

高千穂町にある、約7kmにわたる断崖絶壁が続く峡谷。神様が初めて地上に降りたとされる地など、日本神話ゆかりの場所がたくさんあるよ！

300以上の古墳からなる
西都原古墳群

3～7世紀に造られたとされる日本最大級の古墳群。約300基の古墳が点在している。

ギザギザの岩に囲まれた
青島

周囲1.5kmほどの小さな島。島をとり囲む、波にけずられてできた岩は、「鬼の洗濯板」と呼ばれているよ。

まるでイースター島!?
モアイ像

日南海岸を見下ろすテーマパーク「サンメッセ日南」には、高さ5.5mものモアイ像が7体ならんでいるよ。

宮崎科学技術館
▶143ページ

カツオ

宮崎県は、カツオの近海一本釣りの漁獲量日本一。2～5月に盛んになるよ。

肉用若鶏（ブロイラー）

全国の飼育頭数の約20%を占め、都城市や日向市東郷町などで飼育されているよ。

鹿児島県

鹿児島県の地形をデザイン。中央の円は桜島。

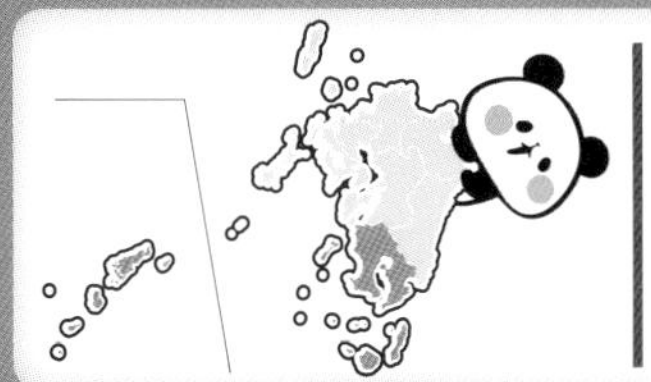

面積	9187㎢
人口	161万人
県の鳥	ルリカケス
県の花	ミヤマキリシマ
県の木	カイコウズ、クスノキ

活火山の桜島、世界遺産の屋久島があるよ！

川内川

薩摩川

甑島列島

鹿児島

東シナ海

薩摩

枕崎

枕崎

屋

宮之

サツマイモ

シラス台地のため、栽培に適しているよ！ 薩摩（鹿児島県の旧国名）に伝わったからサツマイモ。

茶

火山灰質の土壌で水はけがよく、栽培に適しているよ。南九州市や志布志市がおもな産地。

ダイコン

（桜島ダイコン）

大きなもので重さ30kgを超えることも。世界一重いダイコンとして、ギネス世界記録📖にも認定。

世界遺産 明治日本の産業革命遺産 製鉄・製鋼、造船、石炭産業

▶150ページ

300年あまりの歴史がある

カツオブシ

全国トップクラスの生産量。枕崎市を中心に、枕崎港で水揚げされるカツオを使って作られているよ。

日本最大のロケット打ち上げ施設

種子島宇宙センター

宇宙航空研究開発機構（JAXA）の施設で、ロケットの打ち上げや人工衛星の観測などを行っているよ。

📖ギネス世界記録➡20ページ

県の約６割が シラス台地

鹿児島県は面積の約６割がシラス台地。２万年以上前の火山の噴火で、火山灰や軽石などが積もってできたよ。

1 豚（かごしま黒ぶた）

琉球（➡145ページ）から伝わったといわれ、伊佐市や曽於市を中心に飼育されているよ。

県のシンボルの活火山 桜島

今も活動する火山。元は島だったけど、大正時代の噴火で溶岩が流れだし、大隅半島とつながったよ。

伊佐
霧島山
鹿児島空港
霧島
姶良
曽於
桜島
志布志
鹿屋
鹿児島湾
大隅半島
志布志湾
池田湖
開聞岳
大隅海峡

フォレストアドベンチャー・おおすみ
▶143ページ

本場大島紬

奄美大島で作られている、国の伝統的工芸品。７世紀ごろから約1300年続く染色技法がルーツの織物だよ。

奄美大島（大島）
奄美空港
喜界島
喜界空港
徳之島空港
徳之島
奄美群島
太平洋
沖永良部空港
沖永良部島
与論空港
与論島
種子島空港
種子島
屋久島空港

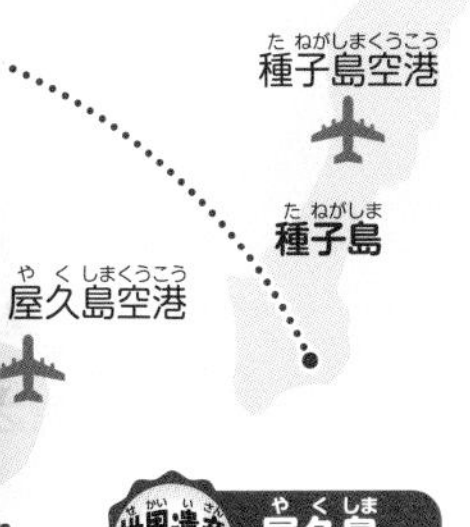

世界遺産 屋久島
▶153ページ

めずらしい生物がいっぱい！ 奄美群島

奄美大島（大島）、喜界島、徳之島、沖永良部島、与論島などがあるよ。サトウキビやサツマイモ、パイナップルなどを作っているよ。

九州地方のご当地グルメ

九州地方の、地元の食材を使った代表的な料理を紹介するよ！

福岡県

博多ラーメン

豚の骨や頭を煮こんだコクのあるとんこつスープと細麺が特徴。麺のかたさを選べ、麺のおかわり（替え玉）ができたりするよ。

もつ鍋

第二次世界大戦後まもなく、アルミ鍋でもつ肉とニラをしょうゆ味でたいたのが始まりといわれているよ。スタミナ満点のモツと野菜がたっぷり！　博多にはもつ鍋のお店がたくさんあるんだよ。

佐賀県

いかしゅうまい

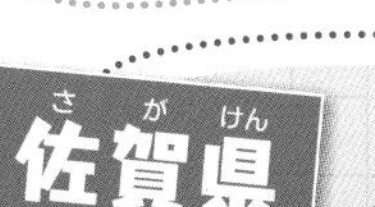

唐津市は、イカ漁が盛ん。名物のイカのすり身に、細切りにしたしゅうまいの皮をまぶして蒸した料理。イカの甘みと、ふんわりとした食感が特徴だよ。

シシリアンライス

ご飯に甘辛いタレでいためた肉をのせ、生野菜を盛りつけてマヨネーズをかけた料理。佐賀市の喫茶店で誕生したといわれていて、今では佐賀県で定番のメニューだよ！

長崎県

長崎ちゃんぽん

エビやイカなどの魚介類、肉、かまぼこなど、たくさんの具をいためて麺にのせるよ。もちもち食感の麺も特徴のひとつ！

佐世保バーガー

大きいバンズ（パン）にジューシーな肉や野菜など、地元の食材を使った具をはさむよ。注文を受けてから作るので、できたてを食べられる！

熊本県

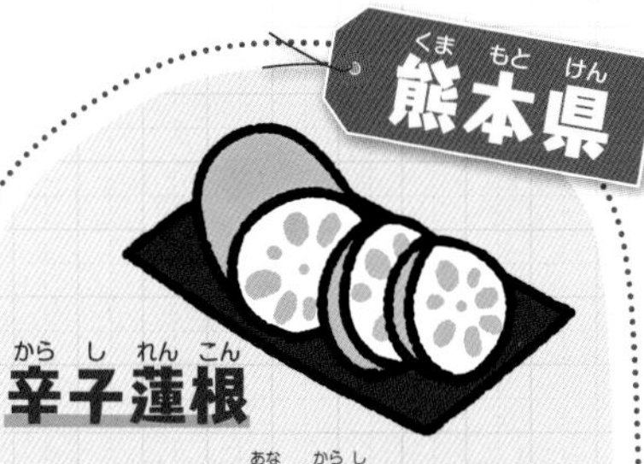

辛子蓮根

ゆでたレンコンの穴に辛子みそをつめて、衣をつけて揚げた料理。昔から正月などに一般家庭で食べられている郷土料理だよ。

馬刺し

馬肉をうすく切ったもの。「桜肉」とも呼ばれる馬肉は、栄養価が高く、低カロリーで、とってもヘルシー！

大分県

とり天

鶏肉の天ぷらに、酢じょうゆと練りからしをつけて食べるよ。揚げたてのとり天は、サクサクの食感だよ！

ブリのあつめし

アツアツのご飯の上にしょうゆベースのタレにつけたブリの刺し身をのせたもの。お茶づけにして食べることも。もともとは漁師のまかないめし！

宮崎県

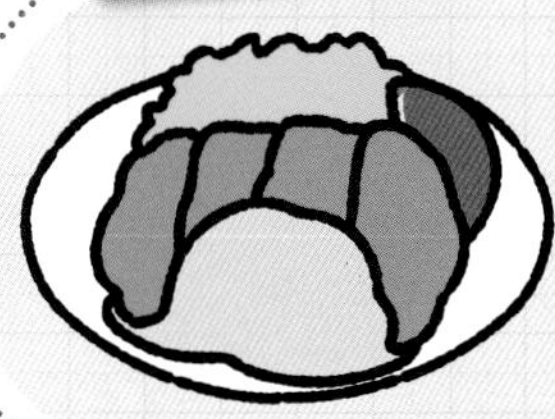

チキン南蛮

鶏肉に卵の衣をつけて油で揚げ、甘酢のタレとタルタルソースで食べるよ。宮崎県の定番グルメ。

冷汁

魚を焼いてほぐし、あぶったみそを加え、薬味と合わせてだしでのばした冷たい汁。白ご飯や麦ご飯にかけて食べるよ。

さつま揚げ

イワシなどの魚のすり身に、ゴボウやレンコンなどを加えて油で揚げた郷土料理。そのまま食べたり、薬味をつけて食べたりするよ。

鹿児島県

かごしま黒ぶた料理

サツマイモなどを食べて育った「かごしま黒ぶた」は、うまみや甘みが強いよ。とんかつやしゃぶしゃぶにすると、絶品だよ！

ちびぱんイチオシ

九州地方のお出かけスポット♪

感動体験、盛りだくさん!! 九州地方のおすすめスポットをご紹介！

福岡県 福岡市 マリンワールド海の中道

➡126ページ

「九州の海」をテーマに、魚たちの自然な姿を展示しているよ。飼育員がエサをやりながら、ペンギンについて解説してくれる「ペンギンタイム」や、イルカやアシカたちによるショーが大人気！

ショーのイルカたち、かわいい♥

佐賀県 佐賀市 佐賀バルーンミュージアム

➡129ページ

日本で初めての熱気球の博物館で、バルーンの魅力にふれられるよ。フライトシミュレーターでバルーンを操縦する疑似体験ができたり、展示室で熱気球の歴史や仕組みを学んだりできる！

バルーンの操縦体験、楽しいー！

長崎県 佐世保市 ハウステンボス

➡131ページ

ヨーロッパをイメージしたテーマパークだよ。オランダの街なみが本物そっくりに再現されていて、光、ゲーム、音楽やショーなど、多彩なアトラクションやイベントを楽しめるよ！ 季節の花がさきほこる広い庭園も大人気！

風車をながめながらの～んびり！

熊本県 阿蘇市

阿蘇ネイチャーランド

➡133ページ

スカイスポーツやネイチャースポーツが楽しめるところだよ。熱気球に乗って空中に浮かんだり、レンタルサイクルで阿蘇山をかけおりたりできるよ。空中散歩を楽しめる、パラグライダー半日体験も人気！

パラグライダーを体験！
こ、こ、こわくないから！

大分県 宇佐市

（九州自然動物公園）アフリカンサファリ

➡135ページ

サファリパーク形式の動物園だよ。自家用車やジャングルバスから動物を観察する「動物ゾーン」や、ウサギやカンガルーなどとふれあえる「ふれあいゾーン」があるよ。「ジャングルバス」では、動物のエサやり体験ができるよ！

ジャングルバスも動物型で
かっこいい～！

宮崎県 宮崎市

宮崎科学技術館

➡137ページ

星や科学技術について学べるよ。アポロ11号月面着陸船イーグル号の実物大模型があるのは、日本でここだけ！　世界最大級のプラネタリウムでは、音楽といっしょに星空をながめたり、人気アニメとコラボした映像が楽しめたりするよ。

宇宙って大きくて
ワクワクする～！

鹿児島県 曽於市

フォレストアドベンチャー・おおすみ

➡139ページ

森林をそのままいかして造られた自然のアスレチックだよ。「登って・渡って・滑る」を基本にした家族みんなで楽しめるコースで、大自然を満喫しながら冒険！　パーク内では、トランポリンもできるよ。

木の上で遊んで、
気分はターザン!?

沖縄県
おきなわけん

沖縄の「O」の字と、それを囲む海洋を表す。

面積 めんせき	2281㎢	
人口 じんこう	145万人 まんにん	
県の鳥 けんのとり	ノグチゲラ	
県の花 けんのはな	デイゴ	
県の木 けんのき	リュウキュウマツ	

美しい海とサンゴ礁に囲まれた県だよ！

🥇 サトウキビ
県内にある畑の約50％がサトウキビ畑。とくに宮古島などを中心に栽培が盛んだよ。

🥈 ゴーヤー
「ニガウリ」ともいい、沖縄県産の野菜の代表格。名護市、南城市などで栽培が盛ん。

🥇 パイナップル
全国の約100％の生産量を占め、とくに石垣島て盛ん。明治時代に栽培が始まったよ。

🥇 マンゴー
全国の約45％の生産量で、「アップルマンゴー」など多くの品種が作られているよ。

琉球かすり
かすれたように見える模様の織物。約600種類あるという、琉球独自の図柄が特徴の、国の伝統的工芸品だよ。

尖閣諸島 せんかくしょとう

久米島 くめじま
久米島空港 くめじまくうこう

世界遺産 琉球王国のグスク及び関連遺産群
▶153ページ

ひめゆり学徒隊をまつる

ひめゆりの塔
第二次世界大戦末期の沖縄戦で、看護要員として動員され亡くなった女子生徒たちの慰霊塔。ひめゆり平和祈念資料館には、遺品などの展示もある。

与那国空港 よなぐにくうこう
与那国島 よなぐにじま

守り神の獅子

シーサー
県内の建物の門や屋根の上など、いたるところに魔よけとしてシーサーの置きものがあるよ。

西表島

八重山列島 やえやまれっとう

波照間空港 はてるまくうこう

波照間島 はてるまじま

独自の文化が栄えた 琉球王国

約600年前から明治時代初期まで、沖縄県や鹿児島県の奄美群島には、琉球王国という日本とは別の国があったよ。

沖縄県には数多くの固有の動物がいる！

西表島にすむイリオモテヤマネコや、沖縄島北部の森林にすむヤンバルクイナなど、貴重な動物がたくさんいるよ。

粟国島
粟国空港

OKINAWAフルーツらんど
▶147ページ

太平洋

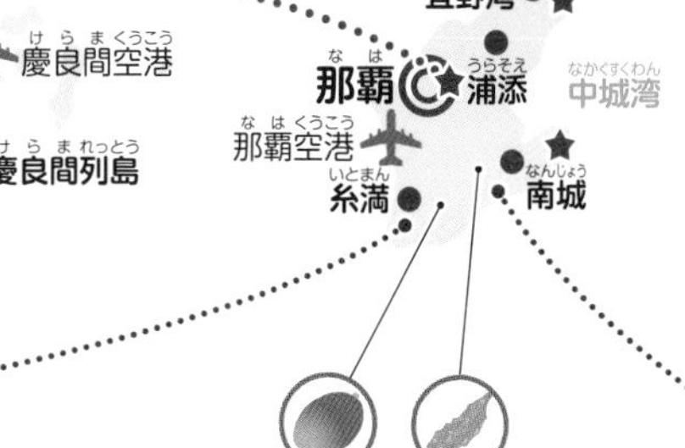

北大東空港
北大東島
南大東空港
南大東島

伊良部島
下地島空港
下地島
宮古島
宮古空港
多良間空港
多良間島

およそ30万年かけてできた 玉泉洞

日本最大級の鍾乳洞で、鍾乳石の数は100万本以上！全長約5㎞のうち、890mが公開されているよ。

サンゴ礁 広がる美しい海

サンゴ礁が島々を取りかこみ、美しい景色が広がる沖縄の海は、ダイビングスポットとしても大人気！

沖縄県のご当地グルメ

沖縄県独自の材料や作りかたの料理は、食べればやみつき！

沖縄そば

そば粉をいっさい使わない、小麦粉100%のそば。手打ちで仕上げに油処理がされているよ。地域によって特徴がちがい、ソーキ（豚のスペアリブ）が入ったソーキそばが有名。

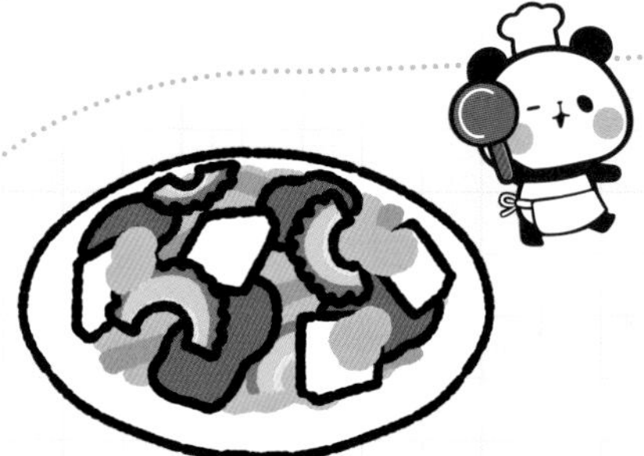

ゴーヤーチャンプルー

ゴーヤーと、豆腐、豚肉などを混ぜていためる料理。「チャンプルー」は沖縄県の方言で「ごちゃ混ぜ」という意味だよ！

タコライス

メキシコ発祥で、アメリカの定番料理の「タコス」が由来。ご飯の上にスパイシーなひき肉やチーズ、レタスやトマトなどをのせて食べるよ。

ラフテー

豚の皮つきバラ肉を黒砂糖、しょうゆ、泡盛（沖縄の焼酎）などでじっくり煮たもの。おはしがすっと通るくらいやわらかいよ。

ジーマーミ豆腐

名前に豆腐とついているけど、大豆ではなく、ジーマーミ（ラッカセイ）を使った料理。歯ごたえのあるもちもちした食感がやみつきになるよ。

にんじんしりしり

スライサーで細く切ったにんじんと卵やツナなどをいためて作るよ。手軽に作れるから、家庭料理としても親しまれているよ。

ちびぱんイチオシ

沖縄県のお出かけスポット♪

沖縄ならではのリゾート気分を満喫できる、おすすめスポットをご紹介！

本部町 沖縄美ら海水族館

➡145ページ

「沖縄の海との出会い」をテーマにした水族館で、沖縄県の豊かな海で見られるサンゴ礁や生きものを展示しているよ。メインの見どころは、サメやエイ、マンタなどがゆうゆうと泳ぐ水槽「黒潮の海」！

大きなジンベエザメ、かっこいいー！

うるま市 ビオスの丘

➡145ページ

沖縄県の森や自然、ランの花を楽しめる自然公園だよ。人気のアトラクション「湖水観賞舟」では、船で湖を進みながら、亜熱帯の植物やランの花、動物を間近で見られるよ！

のんびりクルージングでいやされるよ～！

名護市 OKINAWAフルーツらんど

➡145ページ

フルーツの甘～いにおいでいっぱい。マンゴーやバナナなどの熱帯・亜熱帯のフルーツが30種類以上あるよ！　フルーツカフェでは、沖縄県ならではのトロピカルスイーツが味わえるよ。

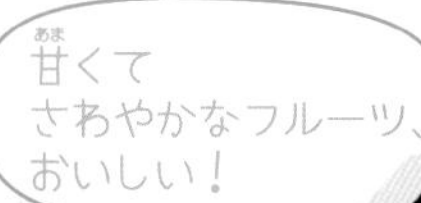

甘くて
さわやかなフルーツ、
おいしい！

沖縄市 沖縄こどもの国

➡145ページ

動物園を中心とした、家族で楽しめるテーマパーク。動物園では、ヤクシマザルやヨナグニウマなど、琉球諸島に生息するめずらしい生きものがたくさん見られるよ！

ヤクシマザルやリュウキュウオオコノハズクにカンゲキ！

一度は行ってみたい！！

日本のお祭り

ワクワクやドキドキがてんこもり！
ちびぱんが選んだ（!?）代表的な日本のお祭りを紹介するよ。

寒い…、でもすごい……

北海道 さっぽろ雪まつり

➡10ページ

札幌市で毎年２月上旬に開催される、雪と氷のお祭りだよ。大通公園をはじめとする複数の会場で、雪の像や氷の彫刻がたくさん楽しめるよ！

青森県 青森ねぶた祭/弘前ねぷたまつり

➡14ページ

青森県内各地で、大きな灯ろうがのった山車を引く夏祭りが行われるよ。山車灯ろうは、青森市では「ねぶた」、弘前市では「ねぷた」と呼ばれるよ。

山形県 山形花笠まつり

➡23ページ

山形市で毎年８月に開催されるよ。スゲ笠に紅花をあしらった「花笠」を持って、「ヤッショ、マカショ」のかけ声と「花笠音頭」に合わせて街を練りあるくよ！

東京都 神田祭

➡43ページ

「天下祭」として知られ、西暦奇数年の５月中旬に本祭が行われるよ。平安時代の衣装を身に着けた500人ほどの行列「神幸祭」が最大の見どころ！

神奈川県 鎌倉まつり

➡45ページ

鎌倉市で４月中旬に開催。鶴岡八幡宮を中心に、さまざまな行事が行われるよ。最大の目玉は、一直線に疾走する馬に乗りながら、小さな的をめがけて矢を放つ「流鏑馬」だよ！

滑る坂の長さは
なんと約100m！

長野県 御柱祭

➡63ページ

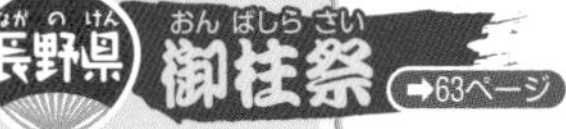

諏訪大社で寅と申の年の4～6月にかけて開催される式年祭[1]だよ。樹齢150年以上のモミの大木にまたがって滑りおりる下社の「木落し」が有名！

[1] 式年祭…決められた期間ごとに行われるお祭り。　[2] くんち➡128ページ

京都府 祇園祭

➡83ページ

八坂神社のお祭り。京都の夏の風物詩として、毎年7月1日から1か月にわたって行われるよ。ハイライトは「山鉾巡行」。祇園ばやしに合わせて、「山鉾」と呼ばれるはなやかな山車が通りをゆくよ！

打ち上げ花火がきれいー！

大阪府 天神祭

➡85ページ

約1か月間開催される大阪天満宮のお祭り。メインは7月24、25日で、大川に映るかがり火やちょうちんの灯り、花火の美しさから「火と水の祭典」とも呼ばれているよ！

徳島県 阿波おどり

➡113ページ

阿波国（徳島県の旧国名）で始まった盆おどり。毎年8月、三味線や太鼓の伴奏に合わせて、「連」と呼ばれるさまざまなグループがおどりあるくよ！

情熱的なおどりは必見！

高知県 よさこい祭り

➡119ページ

高知市で毎年8月9日から4日間にわたって開催。色とりどりの衣装のおどり子が、「鳴子」という道具を鳴らしながら「よさこい鳴子踊り」をおどるよ！

長崎県 長崎くんち

2 ➡131ページ

ポルトガルやオランダ、中国、ベトナムなどの影響を受けながら発展したはなやかなお祭り。10月7～9日まで諏訪神社で行われるよ。「龍踊」などのにぎやかなだしものが見どころ。

沖縄県 沖縄全島エイサーまつり

➡145ページ

毎年旧盆明けの最初の週末に、沖縄市で開催されるお祭りだよ。「エイサー」とは、この時期に戻ってくる先祖の霊をお迎えして送り出すための、盆おどりと同じ意味合いのおどりだよ！

ゴールドぱんがスペシャルナビゲート

ゴールドぱんメモつき

日本の世界遺産

文化……文化遺産
自然……自然遺産

世界にほこる日本の世界遺産をイッキにご紹介！

※2020年４月現在の情報です。

世界遺産とは……
過去から現在へと引きつがれ、未来へと伝えていくべき人類共通の遺産。記念物、建造物や遺跡、文化的景観などの「文化遺産」、地形や地質、生態系などの「自然遺産」、両方の価値をかねそなえた「複合遺産」がある。

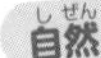

自然

知床（北海道）

➡11ページ

知床は北海道北東部の半島。シロザケやカラフトマス、それらをエサにするヒグマなど、多様な海洋生物や動物がいるよ。半島全体が森林や湿原など、豊かな自然に恵まれているよ。

シマフクロウやオジロワシと出合える！

自然

白神山地（青森県・秋田県）

➡14、20ページ

青森県と秋田県の県境に広がる、標高1000m級の山岳地帯。人の影響をほとんど受けていない天然のブナが生いしげっているよ。クマゲラという天然記念物[1]の大きなキツツキも生息。

一面の緑にゴールドぱん……、目立つ！

文化

平泉ー仏国土（浄土）を表す建築・庭園及び考古学的遺跡群ー（岩手県）

➡16ページ

平泉は、岩手県南西部に古くからある地名。ここには、平安時代末期、奥州藤原氏が栄えたころの寺院や庭園が多く、極楽浄土への往生を目指すという浄土思想が色濃く残っているよ。

「中尊寺金色堂」の色、いい……！

文化

明治日本の産業革命遺産 製鉄・製鋼、造船、石炭産業（岩手県・静岡県・山口県・福岡県・佐賀県・長崎県・熊本県・鹿児島県）

➡17、67、106、127、129、131、132、139ページ

８県に点在する、江戸時代末から明治時代に急速な産業発展をとげた技術の文化遺産。ヨーロッパ諸国からの積極的な技術導入など、発展の歴史を伝えるすぐれたものとして評価されたよ。

明治時代の産業革命の風を感じられるよ。

文化

日光の社寺（栃木県）

➡34ページ

1617年に徳川家康の霊廟として創建された「東照宮」、日光における山岳信仰の中心として古くから崇拝されてきた「二荒山神社」などから構成されるよ。建造物の多くは、17世紀の日本を代表する芸術家による作品だよ。

「東照宮」に見ざる、言わざる、聞かざるの彫刻があるよ！

自然

小笠原諸島（東京都）

➡42ページ

都心から約1000㎞南南東の太平洋上にあり、30ほどの島々からなり、一般人は父島と母島以外は住んでいないよ。島の生物は独自の進化をとげていて、「東洋のガラパゴス」とも呼ばれているよ。

オガサワラオオコウモリやムニンツツジなど、ここだけの動植物も。

文化

白川郷・五箇山の合掌造り集落（富山県・岐阜県）

➡54、64ページ

豪雪地帯にある集落。てのひらを合わせたときのうでの形のように三角形に組む「合掌造り」と呼ばれる、丸太組みの急なかやぶき屋根が特徴的だよ。日当たりのよさや、雪下ろしの作業軽減などを考えて建てられている。

屋根には、くぎを1本も使っていないそう……！

文化

富岡製糸場と絹産業遺産群（群馬県）

➡36ページ

明治時代初期にできた官営の「富岡製糸場」をはじめ、養蚕や絹糸の加工など、日本の製糸業の発展に大きな影響を与えた建物が登録されているよ。「富岡製糸場」の繰糸所（国宝）は、長さ約140mの巨大な工場。創設時にフランスから導入した金属製の繰糸器300釜が設置され、世界最大規模の器械式製糸工場だったよ。

世界遺産に関連した「薄根の大クワ」の樹齢はなんと推定1500年！

文化

ル・コルビュジエの建築作品 ―近代建築運動への顕著な貢献―（東京都）

➡43ページ

20世紀の近代建築運動に大きな影響を及ぼした建築家のル・コルビュジエの作品や建築物などをまとめた遺産。日本では「国立西洋美術館」が登録されたよ。

7か国に残る作品が対象で、世界初の大陸をまたぐ世界遺産登録となったよ。

文化

富士山―信仰の対象と芸術の源泉―（山梨県・静岡県）

➡61、67ページ

山梨県と静岡県にまたがる日本一高い山である富士山と周囲にある神社、湖、登山道などが登録。昔から信仰の対象としてあがめられていて、さまざまな時代の文学や絵画のモチーフとされてきたよ。

世界にほこる日本のシンボルだね。

文化

紀伊山地の霊場と参詣道（三重県・奈良県・和歌山県）

➡78、89、91ページ

3つの霊場（吉野・大峯、熊野三山、高野山）と参詣道（大峯奥駈道、熊野参詣道、高野参詣道）からなる文化遺産。紀伊山地は、昔から修行や信仰の場所として人と深く関わってきたよ。

神聖な森のパワーがみなぎっている。

文化

百舌鳥・古市古墳群 ー古代日本の墳墓群ー（大阪府）

➡85ページ

堺市などにある49基の古墳群。「古墳の形や大きさで、被葬者の権力の大きさがわかる」ことや「土製建造物のすぐれた技術がうかがえる」ことなど、日本列島の人々の歴史を物語る遺産だよ。

お墓にしては、でかい……。

文化

姫路城（兵庫県）

➡86ページ

江戸時代初期に建てられた天守ややぐらなどが残るお城。人気の観光スポットで、お祭りや行事も開催されているよ。白いしっくいでぬられた城壁などから、「白鷺城」とも呼ばれるよ。

お城からながめる壮大な景色に心があらわれる。

文化

古都京都の文化財（京都市、宇治市、大津市）（滋賀県・京都府）

➡80、83ページ

滋賀県大津市、京都府京都市・宇治市に点在する17の寺社や城郭が世界遺産に登録。寺院のひとつ、「鹿苑寺」の「金閣」は金箔でおおわれていて、ごうかな造りになっているよ。

金閣とゴールドぱん、どちらが輝いているだろう……。

文化

法隆寺地域の仏教建造物（奈良県）

➡88ページ

「法隆寺」と「法起寺」が世界遺産に登録。聖徳太子ゆかりの寺院があるこの地域の建造物は、その後の日本の1400年にわたる仏教建築の発展に、大きな影響を与えたよ。

法隆寺って現存する世界最古の木造建築なんだ、すごい……！

文化

古都奈良の文化財（奈良県）

➡89ページ

奈良時代の文化をそのまま伝える寺社と自然が世界遺産に登録。奈良の大仏で有名な「東大寺」、「正倉院」[2]、「春日大社」などがあるよ。構成資産のひとつの春日山原始林は、特別天然記念物[1]で、約250haの広さ！

大仏殿の柱の穴をくぐるのは楽しい。大仏の鼻の穴と同じ大きさらしい！

[1] 天然記念物➡11ページ　[2] 正倉院…奈良市の東大寺にある宝物を収めた倉庫。聖武天皇、光明皇后ゆかりの品や東大寺の寺宝な

文化

石見銀山遺跡とその文化的景観（島根県）

➡100ページ

戦国時代から江戸時代前期にかけてもっとも栄えた日本最大の銀山。当時の日本は、世界の銀の約３分の１を産出していたといわれていて、そのほとんどが「石見銀山」から産出されたよ。

シルバーぱんと
いっしょに観光！

文化

厳島神社（広島県）

➡104ページ

日本三景③のひとつ「安芸の宮島」とも呼ばれる厳島にある神社。昔から島そのものが自然崇拝の対象だったよ。平安時代、平清盛によって、海の中に建つ社殿が整えられたよ。

海に浮かぶ真っ赤な大鳥居がかっこいい！

文化

長崎と天草地方の潜伏キリシタン関連遺産（長崎県・熊本県）

➡130、131、132ページ

長崎県や熊本県の天草地方に伝わったキリスト教の広がりや禁教の歴史などがわかる遺産。有名な「大浦天主堂」や、花柄をあしらった「頭ヶ島天主堂」、信者がかくれた洞窟があるよ。

潜伏キリシタンは、キリスト教が
禁止されても信仰を続けたんだ。

自然

屋久島（鹿児島県）

➡139ページ

九州地方最高峰の山・宮之浦岳がある島。約９割が森林でおおわれているよ。標高500m以上の山地に自生する「屋久杉」と呼ばれるスギの中には、樹齢2000年を超える縄文杉も！

屋久杉ってとても長生き……！

文化

原爆ドーム（広島県）

➡104ページ

広島市に投下された原子爆弾（原爆）の悲惨さを伝える被ばく建造物だよ。二度と同じような悲劇を起こさないようにと、戒めや願いをこめて、「負の世界遺産」と呼ばれているよ。

原爆が投下された８月６日の午前８時15分
には、多くの人が平和を祈るよ。

文化

「神宿る島」宗像・沖ノ島と関連遺産群（福岡県）

➡126ページ

福岡県の沖合、玄界灘に浮かぶ沖ノ島を中心とした遺産群。沖ノ島は昔から神宿る島として、人々に信仰されていたよ。土器などの奉献品が多く出土し、約８万点が国宝に指定されているよ。

「海の正倉院」とも称されているよ。

文化

琉球王国のグスク及び関連遺産群（沖縄県）

➡145ページ

沖縄島南部を中心に点在するグスク（城）など、琉球王国の遺跡群。曲面を多用した独自の造りをした城壁が1.5km続く「今帰仁城跡」をはじめ、９つの遺跡があるよ。

かつては、難
攻不落のお城
だったようだ。

約9000点が収納。現在は別の宝庫に移された。　③日本三景➡18ページ

全国もちMAP

日本の国民食といえば“おもち”！　もちぱんたちもだーい好きな、全国のご当地もちを紹介するよ♪　読むだけで、おなかがすいてきそ〜っ！

※紹介しているおもちが作られている都道府県、作りかたは諸説あります。

福岡県

梅ヶ枝もち

小豆のあんをうすいもち生地で包み、梅の刻印が入った鉄板にはさんで焼く焼きもちだよ。焼きたては、パリッとした食感で香ばしい！

奈良県

くずもち

くず粉に水と砂糖を入れて、火にかけて練って冷やし固めたもの。ぷるんとした食感で、見た目もすずしげだから、夏のおやつにぴったり！

長崎県

かんころもち

ゆでて干したサツマイモを混ぜこんだおもち。「かんころ」は長崎の五島地方の方言で、サツマイモをうすく切って天日干しにしたものだよ。

大阪府

けしもち

小豆のこしあんをもち皮で包んで、ケシの実をまぶしたおもちだよ。ぷつぷつとした食感が楽しい！　江戸時代からあるとか。

沖縄県

ムーチー

こねたもち粉を白糖や黒糖、紅イモなどで味つけして、ゲットウという植物の葉で巻いて蒸したもの。健康・長寿祈願の縁起物となっているよ。

高知県

きらずもち

豆腐を作るときにできるおからを砂糖や塩といっしょにもち米に混ぜて生地を作り、あんを入れて丸めたもの。「きらず」とは、おからのことだよ！

富山県 とちもち

あく抜きしたトチノキの実を、もち米といっしょに蒸してからついたおもち。普通のおもちとくらべて粘りが少なく、独特の風味が味わえるよ。

北海道 べこもち

白玉粉や上新粉などに白砂糖と黒砂糖を混ぜた２色の生地を作り、木の葉の形に整えるよ。５月の端午の節句に食べる風習があるよ。

秋田県 バターもち

水にひと晩つけたもち米をついて、バターや砂糖などを加えて作るおもちだよ。時間がたってもかたくなりにくくて、やわらかいままで食べられるよ！

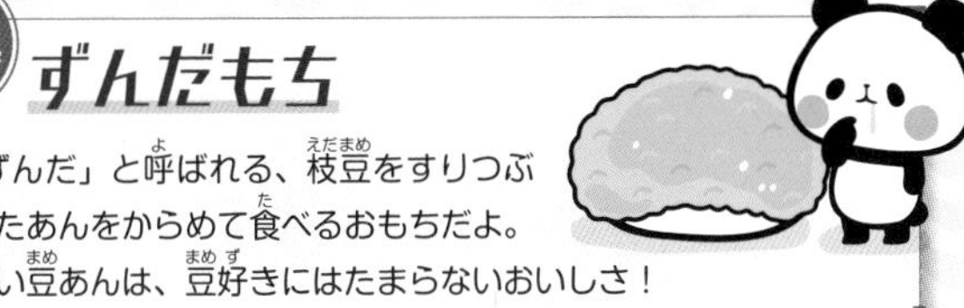

宮城県 ずんだもち

「ずんだ」と呼ばれる、枝豆をすりつぶしたあんをからめて食べるおもちだよ。甘い豆あんは、豆好きにはたまらないおいしさ！

新潟県 いももち

ふかしたサツマイモに小麦粉や砂糖、塩を混ぜて、うすでついて作るよ。四角い形にのばして、自然乾燥させたら完成！

群馬県 焼もち

「おやき」とも呼ばれる、群馬県の伝統的おやつ。小麦粉の生地にみそやきざんだ野菜などを入れて、平らに丸めて焼くよ。

静岡県 安倍川もち

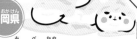

安倍川上流でとれる砂金に見立てて、きな粉をまぶしたのが始まりとされているよ。ひとくちサイズのきな粉とこしあんのおもちがセットになっているのが定番。

埼玉県 塩あんびん

砂糖を使わず、塩で味つけした小豆あんを入れた大福。しょっぱいから、砂糖や砂糖じょうゆをつけたり、お雑煮に入れたりして食べるよ。

目指せ地理ハカセ! 都道府県ふりかえりテスト

/100

最後にふりかえりテストで学んだことをおさらい！むずかしい問題ほど、点数が高いよ。1～12の問題を読んで、正解だと思うアルファベットに〇をしてね。全問正解できるかな？

① 秋田県のご当地グルメ「きりたんぽ」は、なにをつぶして焼いたものかな？（5点）

A. ジャガイモ　B. ご飯

C. 小麦粉

② 四国地方を構成する県は、徳島県と香川県と愛媛県と、あとひとつはどこかな？（5点）

A. 高知県　B. 島根県

C. 三重県

③ 日本三景と呼ばれる日本の景勝地の、正しい組み合わせはどれかな？（5点）

A. 富士山・平泉・日光東照宮

B. 軍艦島・屋久島・宮島

C. 松島・天橋立・宮島

④ 日本で一番長い川である信濃川は、なに県を流れている？（10点）

A. 新潟県

B. 神奈川県

C. 福島県

⑤ 兵庫県にある姫路城、白いしっくいでぬられた城壁から、別名なんて呼ばれている？（5点）

A. 白鷺城

B. しろぱん城

C. 白鶴城

⑥ 宮城県のご当地もち「ずんだもち」のあんは、なにをペーストにしているかな？（5点）

A. ラッカセイ　B. 枝豆

C. インゲン豆

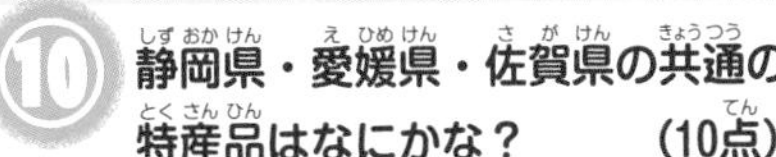

⑦ 迫力満点の「華厳滝」がある都道府県は？ (10点)

A. 栃木県

B. 和歌山県

C. 茨城県

⑧ 佐賀県の伝統的工芸品はどれかな？ (5点)

A. 瀬戸焼　B. 輪島塗

C. 伊万里焼・有田焼

⑨ 太鼓橋で有名な、大阪府にある神社は？ (15点)

A. 春日大社　B. 住吉大社

C. 宗像大社

⑩ 静岡県・愛媛県・佐賀県の共通の特産品はなにかな？ (10点)

A. ブドウ　B. リンゴ

C. ミカン

⑪ 世界遺産・小笠原諸島は、生物の独自の進化から「東洋のなに」と呼ばれているかな？ (10点)

A. マダガスカル

B. タスマニア

C. ガラパゴス

⑫ 中国地方の県のシルエットだよ！　正しい組み合わせはどれかな？ (15点)

① ④ ③ ② ⑤

A. ①島根県②岡山県③広島県④鳥取県⑤山口県

B. ①鳥取県②岡山県③広島県④島根県⑤山口県

C. ①岡山県②島根県③鳥取県④山口県⑤広島県

おつかれさま！
答え合わせをして
点数を計算しよう！

答え

①…B　②…A　③…C　④…A　⑤…A　⑥…B
⑦…A　⑧…C　⑨…B　⑩…C　⑪…C　⑫…B

90〜100点

➡すばらしい！　文句なしの地理ハカセ認定！

55〜85点

➡おしい！　地理ハカセまであと少し！

50点以下

➡まだまだ〜。この本でもっと勉強しよう！

どうじゃ？
みんな都道府県について……
ドーンッ
よろっ

な、なんじゃ……
なんじゃ？
わい
わい
くるっ

くわしく話しすぎ
ちゃったかな……？
いや〜
いっぱい
説明したね
ぞろ
ぞろ
ぞろ
おぉっ
みんなおつかれー!!

ドサッ
ご当地グルメも
おいしかった〜
これ食べた？
わい
お土産わしにも
あるかの？
わく
わく
ちょーだい！
わい
お土産も
あるよ
わい

あせ
まっまさか……
あせ

やっぱりこのお味だね～♡

もぐー

でかぱんには
ちびぱんが一番のお土産？
みたいだね

やっ、やっぱり……

またのー♡

お土産もらえた

キラピチスタディ
もちもち♥ぱんだ　もちっと都道府県

2021年3月8日　第1刷発行

もちもちぱんだイラスト　Yuka（株式会社カミオジャパン）

発行人	小方桂子
編集人	野村純也
編集長	森田葉子
企画編集	津田昭奈
アドバイザー	中山敏治
編　集	松本ひな子、竹田知華（株式会社スリーシーズン）
編集協力	木野 洋、真鍋良子（株式会社カミオジャパン）
イラスト	紅鮭色子
カバーデザイン	佐藤友美
本文デザイン	髙島光子（株式会社ダイアートプランニング）
校　正	大山佳子、小西奈津子、小林麻恵、野口光伸、長谷川健勇（ゲマイン）、株式会社クレスト
地　図	株式会社ジェオ
発行所	株式会社学研プラス 〒141-8415　東京都品川区西五反田2-11-8
印刷所・製本所	中央精版印刷株式会社

[この本に関する各種お問い合わせ先]
・本の内容については、下記サイトのお問い合わせフォームよりお願いします。
https://gakken-plus.co.jp/contact/
・在庫については　Tel 03-6431-1199（販売部）
・不良品（落丁、乱丁）については　Tel 0570-000577
学研業務センター　〒354-0045　埼玉県入間郡三芳町上富279-1
・上記以外のお問い合わせは　Tel 0570-056-710（学研グループ総合案内）